+ ESPERTO QUE O DIABO 2

O PLANO DE AÇÃO

Título original: *Outwitting the Devil – Action Guide*

Mais esperto que o Diabo 2
3ª edição: Março 2026

Autores:
Napoleon Hill
Fundação Napoleon Hill

Tradução:
M. Conte. Jr. FRC, M∴M

Preparação de texto:
Flavia Araujo

Revisão:
3GB Consulting
Iracy Borges

Projeto gráfico:
Jéssica Wendy

Capa:
Pâmela Siqueira

DADOS INTERNACIONAIS DE CATALOGAÇÃO NA PUBLICAÇÃO (CIP)

Hill, Napoleon, 1883-1970
Mais esperto que o diabo 2: o plano de ação : 20+1 dias para sair da alienação / Napoleon Hill ; tradução de M. Conte Jr. FRC M∴M – Porto Alegre : Citadel, 2024.
208 p.

ISBN 978-65-5047-523-9
Título original: Outwitting The Devil Action Guide

1. Desenvolvimento pessoal 2. Motivação 3. Sucesso pessoal 4. Autoajuda 5. Psicologia aplicada I. Título II. Conte Jr. M.

24-4404 CDD 158.1

Angélica Ilacqua – Bibliotecária – CRB-8/7057

Produção editorial e distribuição:

CITADEL Grupo Editorial
contato@citadel.com.br
www.citadel.com.br

NAPOLEON HILL
AUTOR DE MAIS DE 100 MILHÕES DE CÓPIAS VENDIDAS

+ ESPERTO QUE O DIABO 2

O PLANO DE AÇÃO

20 dias +1 PARA SAIR DA ALIENAÇÃO

Tradução:
M. Conte. Jr. FRC, M∴M

CITADEL
Grupo Editorial
2024

Este livro foi baseado nos principais pontos do original não editado de *Mais esperto que o Diabo*, escrito por Napoleon Hill em 1938 e publicado pela Citadel Editora em conjunto com a Fundação Napoleon Hill no Brasil.

Por meio de um manuscrito escondido por quase oitenta anos, *Mais esperto que o Diabo* detalha a entrevista de Hill com o Diabo, de quem arranca uma confissão surpreendente sobre as formas usadas para arrastar os seres humanos para o fracasso por meio do hábito de ficarem alienados. O Diabo também revela uma fórmula que os humanos podem usar para romper o controle que ele exerce sobre a vontade deles.

O fato de o Diabo com quem Hill falou ser real ou imaginário pouco importa para as verdades profundas detalhadas neste livro – princípios que, quando estudados individualmente ou em um grupo de MasterMind e, em seguida, aplicados por meio das ações aqui sugeridas, o levarão ao caminho da autodeterminação, da paz de espírito e da liberdade que o verdadeiro sucesso traz.

Em vez de apresentar capítulo por capítulo do livro *Mais esperto que o Diabo*, este é organizado em 20 conceitos centrais – mais um capítulo especial e uma série de exercícios cuidadosamente elaborados, ao fim de cada capítulo, para que você verifique o quanto está alienado e o quanto precisa desenvolver sua mente para fazer parte dos não alienados, ou seja, as pessoas que o Diabo não controla – para fornecer a você a compreensão mais completa da complexa teoria do sucesso desenvolvida no manuscrito original. Prepare sua mente para o fato de que muitos dos conceitos desafiam a sabedoria convencional. Ao considerar as ideias de forma aberta e cuidadosa, você desenvolverá a força mental necessária para transformar seus maiores desejos em realidade.

"A liberdade espiritual e econômica, os dois objetivos mais elevados de que os seres humanos são capazes, só estão disponíveis por meio do uso adequado da mente."

SUMÁRIO

PREFÁCIO

Olá, leitores!

É com grande emoção e profundo respeito pelo legado de Napoleon Hill que apresento este material inédito. Como alguém que teve sua trajetória marcada pelas obras de Hill, especialmente *O manuscrito original* e *Quem pensa enriquece*, posso afirmar que a influência desses livros foi transformadora. Eles não só mudaram minha maneira de pensar sobre sucesso, como também guiaram muitas das decisões que tomei ao longo da minha carreira.

Em 2017, após a Bienal do Livro em São Paulo, tive o prazer de me deparar com *Mais esperto que o Diabo*. A leitura desse livro foi tão impactante que o devorei em um único dia; comecei na calma de minha cama e terminei em pé, tomado pela intensidade das ideias de Hill. Essa obra desvenda as barreiras mentais que nos impedem de alcançar o sucesso, utilizando um diálogo fictício entre Hill e o Diabo para explorar as fraquezas humanas que nos sabotam.

Desde então, não me cansei de recomendar *Mais esperto que o Diabo* em minhas redes sociais. A receptividade sempre foi incrível, e percebi que não estava sozinho na minha admiração por essa obra. Em um episódio especial do Jota Jota Podcast, dedicado a discuti-la, mais de um milhão de espectadores se reuniram para compartilhar insights e aprender mais sobre como superar os obstáculos internos que todos enfrentamos. Sucesso absoluto.

Agora, ao prefaciar este guia inspirado em *Mais esperto que o Diabo*, sinto uma grande responsabilidade, mas também uma imensa alegria. Trata-se de uma ferramenta de coragem e visão, projetada para ajudar estudantes e leitores a navegarem pelos desafios da vida com maior sabedoria e determinação. E eu tenho certeza de que servirá de fonte de inspiração, mas acima de tudo, como uma ferramenta prática e aplicável para a conquista dos seus objetivos. Mas não ache que será simples e superficial. A viagem será intensa e reveladora.

Cada página deste livro é uma oportunidade para você se conectar mais profundamente com suas metas e aspirações. Assim como Hill usou suas conversas com o "Diabo" para iluminar as sombras do fracasso humano, este guia visa iluminar seu caminho rumo ao sucesso. Que você possa usá-lo não apenas para organizar seus dias, mas para transformar sua vida.

Aproveite a jornada e lembre-se: o trabalho devolve.

–Joel Jota

CAPÍTULO 1

ENERGIA

A vida consiste em grandes enxames de energia, ou entidades, cada uma tão inteligente quanto os seres humanos acreditam que sejam. Essas unidades de vida se agrupam como colmeias de abelhas e permanecem juntas até que se desintegrem por falta de harmonia.

Você já sentiu como se houvesse impulsos conflitantes em sua mente? Ou já se moveu a todo vapor em direção a seus objetivos, mas, de repente e inexplicavelmente, sentiu-se compelido a mudar de direção e sair do curso?

Essas sensações ocorrem porque temos dentro de nós forças positivas e negativas disputando o domínio. Essas forças opostas existem em unidades de energia – como cargas positivas e negativas em um átomo – que se unem e exercem influência sobre nossos pensamentos e ações.

Como essas forças determinam nossa experiência, é fundamental compreender de que forma elas funcionam e como podemos desenvolvê-las e gerenciá-las em nosso benefício.

"Seus pensamentos e desejos servem como uma rede magnética que atrai unidades de vida do grande oceano da vida. Somente as unidades amigáveis que se harmonizam com a natureza de seus desejos são atraídas."

Todas as entidades vivas – seres humanos, animais e plantas – são compostas de unidades de energia. Cada unidade de energia contém uma quantidade igual de inteligência. A diferença entre as formas de vida resulta do número relativo de unidades de inteligência alojadas nelas. Essas unidades de energia controlam nosso funcionamento físico e mental. Embora nenhuma das unidades de inteligência seja especializada em uma atividade específica, elas se agrupam e adotam um papel específico no funcionamento do corpo. Todos os nossos sentidos – inclusive o sexto sentido, ou a imaginação criativa – são controlados e operados por um grupo diferente de unidades de inteligência. Dessa forma, a maneira como percebemos e processamos os estímulos em nosso ambiente depende da coordenação e da atividade de nossas unidades de inteligência, e por isso é imperativo garantir que elas estejam trabalhando juntas e harmoniosamente para fins produtivos.

MAS COMO PODEMOS CONTROLAR FORÇAS CUJA EXISTÊNCIA NEM SEQUER PODEMOS COMPROVAR?

Embora não possamos ver essas forças, podemos senti-las em ação. Como sugerem as perguntas que abrem este capítulo, sentimos quando há desarmonia ou desregulação em nosso sistema psicológico ou corporal. Da mesma forma, reconhecemos quando nossos pensamentos e ações estão alinhados para produzir um impulso positivo. Como formas de energia, os grupos de unidades de inteligência tendem à entropia ou desorganização. Essa desorganização resulta principalmente de suas forças constituintes – as cargas positivas e negativas – que tendem a se expressar. Embora as forças positivas e negativas sempre existam em igual proporção em uma unidade de inteligência individual, uma delas pode exercer domínio sobre a outra. Quando a porção negativa de uma unidade de inteligência prevalece, outras unidades da vida se harmonizam com ela e rapidamente seguem o exemplo, deixando-nos propensos a um estado de falta de propósito, conhecido como alienação (assunto do Capítulo 4). Por outro lado, quando a porção negativa fica inerte, somos capacitados a agir com definição e poder.

A desorganização interna resulta não apenas do fato de as unidades de inteligência conterem cargas negativas e positivas, mas também porque elas têm naturezas diferentes. Como nos diz a Primeira Lei da Termodinâmica, a energia não pode ser criada nem destruída; portanto, nossas unidades de vida não são originalmente nossas – elas derivam de unidades do plano da Inteligência Infinita. Nascemos com um conglomerado de unidades de inteligência e aumentamos nossa coleção à medida que avançamos na vida, pois nossos pensamentos atraem outras unidades de inteligência do plano superior que se harmonizam com as nossas. Nossos pensamentos dominantes tornam-se magnetizados quando intensificados por fortes emoções, sejam elas positivas ou negativas, e atraem outros grupos de unidades de inteligência por meio de um processo semelhante ao da ressonância. Essas unidades divergem entre si, assim como os seres humanos. Suas discordâncias nos puxam em direções diferentes, criando conflitos internos que levam à indecisão.

> De acordo com o Diabo, o céu e o inferno não existem, mas há um plano espiritual de existência que coexiste com o físico. Quando morremos, nossas unidades de vida são transferidas para o reino espiritual, onde mantemos nossa identidade somente se nosso estado de espírito for caracterizado por paz e harmonia. Se o nosso estado mental for marcado pelo medo ou pela violência, nossas unidades de vida se desorganizam e se dispersam após a morte.

Um dos principais insights compartilhados pelo Diabo é sobre o quanto a harmonia interior é crucial, não apenas para nossa saúde mental e física, mas também para o nosso sucesso. Como seres humanos, podemos usar o poder de nossos pensamentos para promover esse estado de harmonia, ampliando nosso depósito de energia positiva. Ao estimular nossos pensamentos e desejos com emoções positivas, como a fé, podemos atrair mais energia positiva – unidades de inteligência em que a carga positiva é dominante na expressão – de nosso ambiente. Esse princípio também funciona ao contrário: se alimentarmos nossos pensamentos com sentimentos negativos, como ganância, desespero e medo, atrairemos energia negativa, e nossos hábitos de pensamento sofrerão com isso. Portanto, é crucial centralizar nossos pensamentos na certeza de alcançar o que mais desejamos na vida, seja sucesso profissional, paz de espírito, relacionamentos sólidos, um legado de serviço ou outra meta digna. Quanto mais energia positiva expressamos e atraímos, mais nos sentimos capacitados a agir com definição e poder.

AVALIAÇÃO DO ESTADO EMOCIONAL E ENERGÉTICO

Em uma escala de 1 a 5, onde 1 representa um estado muito desorganizado e desarmonizado, e 5 representa um estado muito bem organizado e harmonizado, avalie os seguintes aspectos da sua vida e seu estado atual:

1. Estado emocional geral – Em que medida você sente que suas emoções estão equilibradas e sob controle?

(1) Totalmente descontroladas e caóticas.
(2) Maioria das vezes desorganizadas e conflitantes.
(3) Neutras, com alguns momentos de equilíbrio e desorganização.
(4) Principalmente equilibradas e harmoniosas.
(5) Totalmente equilibradas e sob controle.

2. Coerência dos pensamentos e ações – Em que grau seus pensamentos e ações estão alinhados com seus objetivos e desejos?

(1) Totalmente desalinhados e conflitantes.
(2) Frequentemente desalinhados e desorganizados.
(3) Às vezes alinhados, mas com períodos de desalinhamento.
(4) Principalmente alinhados e coordenados.
(5) Totalmente alinhados e focados.

3. Harmonia interna – Em que medida você sente que suas forças internas (positiva e negativa) estão harmonizadas?

(1) Totalmente desarmonizadas e conflitantes.
(2) Frequentemente desarmonizadas e conflitantes.
(3) Às vezes harmonizadas, com alguns conflitos.
(4) Principalmente harmonizadas e em equilíbrio.
(5) Totalmente harmonizadas e equilibradas.

4. Energia positiva vs. negativa – Em que grau você sente que sua vida é mais influenciada por energia positiva em comparação com a energia negativa?

(1) Predominantemente negativa.

(2) Mais negativa do que positiva.

(3) Equilibrada, com energia positiva e negativa em níveis semelhantes.

(4) Mais positiva do que negativa.

(5) Predominantemente positiva.

*** Após concluir todos os exercícios, veja a análise da pontuação na p. 201.**

CAPÍTULO 2

O SENTIDO DESCONHECIDO

Em algum lugar da estrutura celular do cérebro está localizado um órgão que recebe vibrações de pensamento normalmente chamadas de "palpites".

Quando aprendemos a proteger e cultivar nossa energia, podemos tirar proveito de um sexto sentido – a imaginação criativa. Por meio desse modo de percepção, podemos acessar os impulsos de pensamento do depósito universal de energia, ou o que pode ser chamado de Inteligência Infinita. Os impulsos de pensamento derivados do sexto sentido fornecem o único meio de criar conhecimentos; o outro modo de produção de conhecimento, alternativamente denominado raciocínio lógico ou faculdade de raciocínio, funciona combinando as informações existentes de diferentes maneiras para gerar um insight produtivo.

TALVEZ VOCÊ JÁ TENHA SE DEPARADO COM O SEXTO SENTIDO SEM SABER...

Você já teve um "palpite", um lampejo de inspiração, que parecia vir de uma fonte sobrenatural e que, quando seguido, provou ser crucial para evitar um desastre ou aproveitar uma oportunidade rara?

É bem provável que essa sensação seja a imaginação criativa em ação, concedendo-lhe acesso a uma percepção original que não é disponível por nenhum outro meio. Quando em operação, o sentido desconhecido geralmente produz uma sensação de calma, seguida pela sensação de um pensamento que irrompe abrupta e vigorosamente em sua mente. Embora falado por uma voz interna, o pensamento normalmente parece derivar de uma fonte externa. Embora o impulso surja de uma inteligência externa, ele não é um fenômeno sobrenatural. Como tudo no Universo, esse sentido desconhecido, também conhecido como sexto sentido, é governado pela lei natural, que é absoluta e inflexível em seus princípios.

Embora coisas incríveis possam acontecer em nossa vida, elas não são o resultado dos chamados "milagres". Tudo o que acontece no mundo pode ser explicado por leis naturais invioláveis. Isso não significa que as orações não sejam respondidas; significa apenas que elas são respondidas por meio de forças naturais. Pela oração, podemos receber planos da Inteligência Infinita, mas, em última análise, somos responsáveis por implementá-los.

Quando nossa mente está sob a influência de alguma forma de estímulo extraordinário – como quando estamos sob pressão extrema, enfrentando um desafio difícil ou experimentando emoções intensas –, ela se torna mais receptiva aos impulsos de pensamento que estão sendo transmitidos pela mente de outros seres humanos e pela inteligência coletiva no plano superior. Os estimulantes mentais descritos a seguir podem ser usados para ativar o sexto sentido, aumentando a taxa de vibração de nossos impulsos de pensamento:

- Desejo sexual
- Amor
- Desejo ardente de fama, poder ou riqueza
- Música
- Amizade
- Aliança de MasterMind
- Adversidade
- Afirmações positivas

Às vezes, o medo serve como estimulante mental, mas, na maioria delas, é contraproducente, pois pode inibir a receptividade da mente às comunicações externas.

Como indica a citação que abre este capítulo, em algum lugar do cérebro há um órgão – um grupo de unidades de inteligência – responsável por receber e processar esses impulsos de pensamento, traduzindo-os em linguagem. No entanto, a tradução nem sempre é perfeita, pois a linguagem humana é inadequada em comparação com a linguagem do pensamento. Mas o conhecimento produzido pela imaginação criativa ainda é muito superior ao produzido apenas pela percepção humana.

De fato, há um grande poder em cultivar a consciência de quando e como o sexto sentido está em ação. Quando recebemos essas comunicações como conhecimento preciso, em vez de descartá-las como "instinto" ou "superstição", estamos mais bem preparados para traduzi-las em planos definidos e agir de acordo. Pois quem rejeitaria os comandos do sexto sentido, cuja urgência e deliberação prometem ajudar os seres humanos a realizar seus principais desejos?

Aqueles que aprimoram seu sexto sentido podem até mesmo usá-lo para se comunicar com grupos de unidades de inteligência no plano espiritual. Por exemplo, os seres humanos podem usá-lo para reunir "conselheiros invisíveis", homens – vivos e mortos – que nos ajudam a desenvolver as qualidades de caráter que mais desejamos.

PERCEPÇÃO DO SEXTO SENTIDO

Em uma escala de 1 a 5, avalie o quanto você acredita estar em sintonia com o seu sexto sentido.

1. Consciência do sexto sentido – Como você avaliaria sua percepção e uso do sexto sentido em sua vida diária?

(1) Nunca percebo ou utilizo.
(2) Percebo raramente.
(3) Percebo às vezes, mas não sei como usar.
(4) Percebo frequentemente e tento usar.
(5) Estou sempre em sintonia e utilizo com confiança.

2. Recepção de intuições – Com que frequência você reconhece e segue as intuições ou palpites que surgem em sua mente

(1) Nunca.
(2) Raramente.
(3) Às vezes.
(4) Frequentemente.
(5) Sempre.

3. Ação baseada em intuições – Quando você recebe uma intuição, qual é a sua tendência de agir com base nela?

(1) Ignoro completamente.
(2) Questiono, mas raramente sigo.
(3) Considero, mas não confio totalmente.
(4) Normalmente sigo com cautela.
(5) Após avaliar suas respostas, reflita sobre as áreas em que você pode melhorar para alinhar com plena confiança.

Prática: Familiarize-se mais profundamente com seu sexto sentido. Quais passos você pode dar para aumentar a confiança na sua intuição e usar essa poderosa ferramenta em sua vida cotidiana?

CAPÍTULO 3

A LINGUAGEM DO PENSAMENTO

Não há linguagem neste plano, exceto a linguagem do pensamento. Todo pensamento é universalmente compreendido.

Pensamentos são coisas. Embora não ocupem espaço, eles são uma forma de energia – de impulsos elétricos – e podem ser transmitidos, atraídos e armazenados. Nosso cérebro, funcionando como uma estação receptora, coleta esses impulsos de pensamento e os organiza em formas de pensamento definidas. Para sermos bem-sucedidos, precisamos proteger nossa mente da energia destrutiva e aproveitar o poder dos pensamentos construtivos para agir de acordo com nosso objetivo principal definido. Para isso, precisamos filtrar e decifrar os impulsos de pensamento adequadamente e usá-los para construir formas de pensamento bem estruturadas.

A autossugestão é o princípio pelo qual nossos pensamentos mais intensos e recorrentes encontram saída em ações que os traduzem em sua contraparte material. Quando não temos a intenção de filtrar os impulsos de pensamento recebidos por nossa mente, corremos o risco de desenvolver hábitos de pensamento negativos que, por meio da autossugestão, geram planos destrutivos e desordenados que atrapalham nossa jornada de sucesso. Como explica o Diabo, a natureza abomina o vácuo, e, na ausência de pensamentos definidos de natureza positiva, a mente se enche de pensamentos negativos e sem objetivo. Esses pensamentos negativos se organizam em hábitos de pensamento destrutivos e, se não forem tratados, são assumidos pelo ritmo hipnótico, o que os torna permanentes.

O Diabo também usa mentes apáticas para plantar as sementes de suas próprias ideias, fazendo com que esses indivíduos se tornem agentes de sua propaganda. Pensamentos de medo, desânimo, desesperança e destrutividade dão ao Diabo poder sobre nossa mente. O pensamento preciso é a chave para proteger nossa mente da influência do Diabo, e é caracterizado pelas seguintes qualidades:

- É livre de dogmas, preconceitos ou da necessidade de aprovação de outras pessoas.
- Promove sentimentos de fé, coragem e esperança e a definição de um objetivo.

A abertura, a positividade e a determinação geram pensamentos precisos, que buscam saída em planos concretos e práticos. Pensamentos precisos utilizam a lei do ritmo hipnótico para apoiar nosso sucesso, permitindo-nos criar estruturas de pensamento, relacionamentos e planos que ajudam a transformar nosso desejo em realidade.

"A pessoa que pensa em termos de poder, sucesso e opulência estabelece um ritmo que atrai esses bens desejáveis. A pessoa que pensa em termos de miséria, fracasso, derrota, desânimo e pobreza atrai essas influências indesejáveis. Isso explica por que tanto o sucesso quanto o fracasso resultam dos hábitos. O hábito estabelece o ritmo de pensamento da pessoa, e esse ritmo atrai o objeto de seus pensamentos dominantes."

DE UM GRÃO DE AREIA A UMA BOLA DE NEVE...

Você já foi arrastado por um caminho de pensamentos tóxicos do qual se sentiu incapaz de se livrar – um ciclo que começou com apenas um inofensivo pensamento negativo? Por outro lado, já experimentou o incrível impulso que resulta de hábitos de pensamento intencionais e construtivos – padrões que têm raiz em um único impulso de pensamento positivo? Se sim, então você testemunhou o poder da autossugestão, que trabalha em conjunto com o ritmo hipnótico para o nosso benefício ou prejuízo, dependendo da natureza de nossos pensamentos.

Não deixe sua mente aberta à influência das forças destrutivas do mundo, pois elas o impedirão de alcançar seu objetivo principal definido. Em vez disso, torne-se fluente na linguagem do pensamento, aprendendo a se concentrar e organizar os impulsos em seu cérebro. Esse processo envolve as seguintes etapas:

1. Fixe intencionalmente sua mente em seus desejos mais ardentes. Pode ser útil contextualizar seus desejos, situando-os em uma estrutura de motivos. Os nove motivos construtivos mais comuns para inspirar a ação física são os seguintes:

    » O desejo de expressão sexual e de amor
    » O desejo de alimento físico
    » O desejo de autoexpressão espiritual, mental e física
    » O desejo de perpetuação da vida após a morte
    » O desejo de ter poder sobre os outros
    » O desejo de riqueza material
    » O desejo de conhecimento
    » O desejo de imitar os outros
    » O desejo de se sobressair em relação aos outros

2. Adicione a esses desejos uma ou mais das seguintes emoções positivas:

    » Fé
    » Amor
    » Sexo
    » Entusiasmo
    » Romance
    » Esperança

3. Use a repetição para ativar a autossugestão e permitir que o ritmo hipnótico consolide seus hábitos de pensamento em ações.

AVALIAÇÃO DA LINGUAGEM DO PENSAMENTO

Usando ainda uma escala de 1 a 5, faça uma avaliação de sua linguagem do pensamento:

1. Pensamento Positivo vs. Negativo – Como você percebe a predominância de pensamentos positivos e construtivos?

(1) Predominantemente de pensamentos negativos.

(2) Maioria dos pensamentos negativos, com poucos positivos.

(3) Equilíbrio entre pensamentos negativos e positivos.

(4) Principalmente pensamentos positivos, mas com alguns negativos.

(5) Predominantemente pensamentos positivos e construtivos.

2. Coerência dos Impulsos de Pensamento – Em que grau seus pensamentos estão alinhados com seus desejos mais intensos e suas metas definidas?

(1) Totalmente desalinhados e confusos.

(2) Frequentemente desalinhados, com pouca clareza.

(3) Algumas vezes alinhados, mas ainda confusos.

(4) Principalmente alinhados, mas com momentos de dúvida.

(5) Totalmente alinhados e focados.

3. Controle dos hábitos de pensamento – Em que medida você sente que tem controle sobre seus hábitos de pensamento, evitando o ciclo de pensamentos negativos?

(1) Totalmente fora de controle, dominado por pensamentos negativos.

(2) Frequentemente fora de controle, com raros momentos de positividade.

(3) Equilíbrio entre controle e descontrole.

(4) Principalmente sob controle, mas com alguns deslizes.

(5) Totalmente sob controle, dominado por pensamentos positivos.

CAPÍTULO 4

ALIENAÇÃO

Ninguém jamais permanece
alienado exceto pelo fracasso!

Alienação é a condição para que o pensamento negativo e desorganizado se transforme em hábitos de falta de objetivo e procrastinação que levam o indivíduo ao fracasso. É a principal causa da perda da liberdade e do sucesso de um indivíduo, pois a paz de espírito é encontrada na liberdade de pensamento e no serviço intencional prestado aos outros. Conforme explicado no último capítulo, o pensamento alienante – que deixa sua mente aberta a influências externas e permite que pensamentos desorganizados e não filtrados circulem por ela – concede ao Diabo poder sobre seus pensamentos, emoções e comportamentos.

As pessoas alienadas pensam pouco ou nada por si mesmas. Elas se permitem ser influenciadas e, em última análise, controladas por pensamentos e ocorrências externas. A alienação causa o fracasso por três motivos principais:

- Ela permite que o Diabo molde a sua mente da maneira que quiser.
- Ela destrói sua iniciativa pessoal.

- Ela impede que a oposição do Diabo – também conhecida como "Deus" – intervenha.

Como você pode identificar um alienado quando o encontra? Como pode determinar se sofre de alienação? O Diabo fornece os seguintes sinais de que você está na presença de um alienado:

> *"Uma vida com plenitude de paz de espírito, contentamento e felicidade sempre se despoja de tudo o que não quer! Qualquer indivíduo que se submeta a se aborrecer com coisas que não quer não é definitivo. Ele é um alienado!"*

- Um alienado não tem um objetivo principal definido na vida.
- Um alienado não tem autoconfiança.
- Um alienado não realizará nada que exija reflexão e esforço, nem encontrará entusiasmo ou iniciativa para realizar qualquer projeto que não seja forçado a fazer.
- Um alienado seguirá o caminho mais fácil para concluir uma tarefa.
- Um alienado é um perdulário que frequentemente abusa do crédito para seu próprio prejuízo.
- Um alienado geralmente sofre de hipocondria e busca intervenção espiritual até mesmo para o menor problema físico.
- Um alienado não tem imaginação.
- Um alienado é emocionalmente instável e frequentemente mal-humorado.

- Um alienado não tem carisma e raramente atrai outras pessoas com sua personalidade.
- Um alienado tem opiniões sobre tudo, mas não tem conhecimento exato de nada.
- Um alienado pode ser um "pau para toda obra", mas não se destaca em nada.
- Um alienado não está inclinado a cooperar com as pessoas ao seu redor, mesmo com aquelas de quem depende para ter casa e comida.
- Um alienado nunca aprende com o fracasso e cometerá o mesmo erro repetidamente.
- Um alienado tem a mente estreita e é intolerante com as diferenças de opinião.
- Um alienado exige o melhor dos outros, mas dá pouco ou nada em troca.
- Um alienado começa muitos projetos, mas raramente conclui algum.
- Um alienado é um crítico verbal do governo, mas não pode fornecer opiniões definitivas sobre como melhorá-lo.
- Um alienado é compulsivamente indeciso e, quando forçado a tomar uma decisão, tentará revertê-la na primeira oportunidade.
- Um alienado come demais e se exercita pouco.
- Um alienado bebe apenas na conta de outra pessoa e vive apenas com crédito.
- Um alienado critica outros que estão tendo sucesso em sua vocação.
- Um alienado prefere contar uma mentira a admitir sua ignorância.
- Um alienado fala mal das pessoas pelas costas e as elogia quando está diante delas.

"O alienado se esforça mais para não pensar do que a maioria das pessoas se esforça para conquistar uma boa vida."

Por causa de sua preguiça, comodismo e ignorância, os alienados são excelentes trabalhadores para o Diabo, que os usa para espalhar inquietação, fantasia e medo na sociedade.

APENAS 2% DA POPULAÇÃO MUNDIAL ATINGEM SEU OBJETIVO PRINCIPAL DEFINIDO NA VIDA.

Os que não são alienados – os 2% do mundo que alcançam o sucesso verdadeiro e duradouro – têm as seguintes qualidades:

- Estão sempre envolvidos em uma ação definida apoiada por um plano definido e bem organizado.
- Seu senso de propósito é evidente no tom de sua voz, na firmeza de seus passos, no brilho de seus olhos e na rapidez de suas decisões.
- Fornecem respostas diretas a todas as perguntas.
- Prestam favores aos outros, mas raramente os aceitam em troca.
- Sempre podem ser encontrados na linha de frente de um empreendimento ou batalha.
- Admitem quando não sabem uma resposta.
- Lembram e admitem abertamente todas as suas falhas.
- Nunca culpam os outros pelos erros, mesmo que sejam culpados.
- São "doadores", caracterizados por grandes realizações que se estendem a outras pessoas.
- São uma grande fonte de inspiração para os outros.

Enquanto os alienados não pensam por si mesmos, os não alienados exercem o direito ao pensamento independente em todas as áreas da vida. Eles veem isso como um dom livre que deve ser celebrado e protegido acima de tudo. Os alienados, por outro lado, se esquivam da responsabilidade e buscam o sucesso nas esmolas.

> *"Quem não é alienado tira da vida o que quer, mas o faz em seus termos! O alienado pega tudo o que consegue, mas faz isso nos termos do Diabo."*

Como o Diabo prende os seres humanos ao hábito de se alienar?

A seguir estão as ferramentas favoritas do Diabo para atrair os seres humanos para o hábito de se alienar:

- Procrastinação/indecisão
- Medo
- Bajulação
- Propaganda
- Falha

Essas ferramentas podem ser utilizadas em diferentes tipos de situação, incluindo:

- **Educação**: o Diabo induz as crianças a frequentarem a escola sem nenhuma orientação clara. Essa base de desorientação leva à falta de direção em tudo.

- **Saúde**: o Diabo incentiva as pessoas a comerem demais e os tipos errados de alimentos, causando indigestão e prejudicando o raciocínio correto.
- **Casamento**: o Diabo induz as pessoas a se casarem sem nenhuma consideração de como será possível manter um relacionamento harmonioso. Depois, ele faz com que as pessoas casadas briguem por causa de questões financeiras, pela divergência na criação dos filhos, pelas amizades fora do casamento e por suas atividades sociais.
- **Ocupação**: o Diabo incentiva as pessoas a saírem da escola para o primeiro emprego disponível que encontrarem, sem pensar muito nas possibilidades de carreira ou na felicidade futura.
- **Poupança**: o Diabo induz as pessoas a gastarem sem reservas e a economizarem muito pouco, se é que economizam, para que ele possa controlá-las totalmente por meio do medo da pobreza.
- **Ambiente**: o Diabo atrai as pessoas para situações desarmônicas e ambientes tóxicos em casa, no local de trabalho e em seus relacionamentos com amigos e familiares, e depois as incentiva a permanecerem nesses ambientes.
- **Pensamentos dominantes**: o Diabo enche as mentes ociosas com pensamentos negativos, que levam a comportamentos destrutivos, que por sua vez levam a controvérsias e medos. Esses pensamentos negativos derivam principalmente da mídia de notícias e do entretenimento popular (televisão, cinema, música e arte).

FELIZMENTE, O DIABO OFERECE UMA FÓRMULA CONTRA A ALIENAÇÃO.

Como a alienação é um hábito, ela pode ser totalmente evitada e, se estiver desenvolvida, superada... desde que o hábito seja quebrado antes que o ritmo hipnótico se apodere dele. Os métodos que o Diabo descreve para vencer o hábito da alienação estão disponíveis para todos os indivíduos de corpo e mente sãos:

- Faça sua própria reflexão em todas as ocasiões.
- Decida definitivamente o que você quer da vida, crie um plano para alcançar seu objetivo e esteja disposto a sacrificar todo o resto, se necessário, em vez de aceitar a derrota permanente.
- Analise todas as derrotas temporárias e extraia delas a semente de uma vantagem equivalente.
- Esteja disposto a prestar um serviço útil de valor equivalente ao das coisas materiais que você exige da vida – e faça isso antes de esperar algo em troca.
- Ative seu sexto sentido e sintonize-se com as comunicações da Inteligência Infinita.
- Invista seu ativo mais valioso e o único que você tem de imediato – o tempo – em atividades que valham a pena, fazendo um controle para que não haja desperdício.
- Reconheça que o medo é algo usado pelo Diabo para ocupar as partes não utilizadas de sua mente, de modo que ele possa desenvolver hábitos de pensamento destrutivos, e que você pode evitar e curar esse estado mental preenchendo o espaço que ele ocupa com fé em sua capacidade de fazer com que a vida lhe forneça tudo o que você exigir.

- Ore sem implorar. Exija o que você quer da vida e insista em obter exatamente isso, sem substitutos.
- Recuse-se a aceitar da vida qualquer coisa que você não queira! Se algo que você não quer for imposto a você, recuse-se a aceitá-lo, e sua mente abrirá caminho para o que você quer.
- Tenha cuidado com o que você pensa, pois seus pensamentos dominantes atraem a contraparte física deles pelo caminho mais curto e mais conveniente.

É claro que o serviço também é importante, pois o Diabo afirma que a melhor cura para a alienação é prestar serviços úteis ao maior número possível de pessoas.

"Seja definitivo em tudo o que fizer e nunca deixe pensamentos inacabados na mente. Crie o hábito de tomar decisões definitivas sobre todos os assuntos!"

PERCEPÇÃO DA ALIENAÇÃO

Questão: Em uma escala de 1 a 5, como você avalia o seu nível de alienação em relação aos sinais descritos neste capítulo?

(1) Sinto que a alienação tem um controle significativo sobre minha vida e preciso urgentemente tomar medidas para superá-la.

(2) Frequentemente me encontro alienado e sinto dificuldade em mudar essa situação.

(3) Estou ciente de vários comportamentos alienados em minha vida, mas ainda preciso trabalhar neles.

(4) Tenho alguns sinais de alienação, mas consigo identificá-los e combatê-los.

(5) Estou completamente livre de alienação.

Prática: Com base na sua resposta, quais ações imediatas você pode tomar para diminuir o seu nível de alienação e aumentar sua independência de pensamento?

CAPÍTULO 5

RITMO HIPNÓTICO

Qualquer impulso de pensamento
que a mente repete várias vezes por
hábito forma um ritmo organizado.

Todos nós conhecemos o poder do hábito: faça qualquer coisa o suficiente e se tornará cada vez mais fácil manter o mesmo comportamento, e cada vez mais difícil fazer de outra forma. Os hábitos são como sulcos na mente, esculpidos pela repetição de pensamentos e ações. À medida que nos envolvemos nos mesmos padrões de pensamento, nosso cérebro se volta para as mesmas experiências.

Nem todos os hábitos de pensamento são criados da mesma forma: alguns estimulam a força de vontade, enquanto outros a enfraquecem. Quando um hábito negativo é estabelecido na mente, é muito mais provável que outros criem raízes. Como explica o Diabo, "Hábitos vêm em pares, em trios e em quartetos. Qualquer hábito que enfraqueça a força de vontade de uma pessoa também abre portas para outros hábitos negativos dominarem a mente dessa pessoa".

Independentemente de quão aparentemente construtivo seja um hábito, nunca devemos funcionar no piloto automático a ponto de perdermos a liberdade de pensamento, pois a mente inativa está sujeita às maquinações do Diabo. Todos os hábitos devem ser direcionados para um fim específico e devem ser cultivados e mantidos com intencionalidade.

Tanto os "bons" quanto os "maus" hábitos estão sujeitos ao controle do ritmo hipnótico, uma lei universal por meio da qual a natureza mantém um equilíbrio perfeito, fixando permanentemente, por meio do ritmo, os pensamentos e comportamentos repetidos dos seres humanos. Vossa Majestade, o Diabo, aprisiona as pessoas pelo ritmo hipnótico, primeiro obtendo acesso à mente delas por meio de características inatas aos seres humanos, como:

- Medo
- Superstição
- Avareza
- Ganância
- Luxúria
- Vingança
- Raiva
- Vaidade
- Preguiça

Em seguida, o Diabo manipula essas tendências naturais para estabelecer hábitos que enfraquecem a força de vontade do indivíduo.

Um a um, são cultivados hábitos mentais que levam a hábitos de comportamento, até que o Diabo assume o controle total da mente.

A LEI DO RITMO HIPNÓTICO
É A FORÇA DE CONTROLE POR TRÁS
DE TODOS OS PRINCÍPIOS DE SUCESSO.

Nenhum princípio de sucesso pode ser implementado de forma eficaz sem que se entenda e se coordene com a lei do ritmo hipnótico. A lei da gravidade e todas as outras leis naturais que mantêm um equilíbrio de forças são meras expressões da lei do ritmo hipnótico. O Diabo explica que existe "uma forma universal de energia com a qual a natureza mantém um equilíbrio perfeito entre toda a matéria e energia". A natureza divide esse material de construção universal em diferentes comprimentos de onda por meio da formação de hábitos. À medida que os hábitos se fixam na mente, eles se harmonizam para formar um padrão estruturado – um padrão que assume sua própria natureza quando guiado pela força maior do ritmo hipnótico.

"Se o mesmo pensamento for mantido na mente, ou deixado lá por negligência, por certo período de tempo, a natureza o assume por meio do ritmo do hábito, e o torna permanente."

Hábitos indesejáveis podem ser rompidos, mas precisam ser vencidos antes de atingirem as proporções do ritmo. Quando um hábito atinge o nível do ritmo por meio da repetição, não pode ser rompido, porque a natureza assume o controle e o torna permanente. Pense em um redemoinho: ele enredará um objeto e o levará indefinidamente. O pensamento humano ocorre por meio de comprimentos de onda de energia que podem ser comparados à água em um rio. Um pensamento é como um objeto nesse rio: ele flutua sem ser obstruído até que seja mantido na mente por muito tempo, seja intencionalmente, seja por negligência, quando a natureza assume o controle e fixa seu caminho como permanente, sem meios de escapar. A localização do redemoinho difere para cada indivíduo, mas, uma vez que você o encontre, torna-se quase impossível livrar-se do hábito de ficar alienado e recuperar o direito de usar sua própria mente.

COMO VOCÊ PODE ACABAR COM O HÁBITO DE FICAR ALIENADO ANTES QUE O RITMO HIPNÓTICO O TORNE PERMANENTE?

Os hábitos inúteis ou destrutivos, ambos prejudiciais, podem ser rompidos por estes oito meios:

- Um desejo ardente de abandonar o hábito
- Definição do propósito
- Autodisciplina
- A capacidade de aprender com a adversidade
- Influência do ambiente
- Tempo
- Harmonia
- Cuidado

O primeiro princípio – o forte desejo de romper com o hábito antes que ele se solidifique em um ritmo permanente – combate a indiferença que fomentou o hábito de ficar alienado. A apatia e a falta de ambição geram indiferença, o que permite que o Diabo se instale na mente de um indivíduo. Os sete conceitos restantes são os temas dos próximos sete capítulos.

AVALIAÇÃO DO RITMO HIPNÓTICO

1. Impacto do ritmo hipnótico – Como você avalia o impacto dos seus hábitos na sua vida? Marque a opção que mais se adequa:

(1) Meus hábitos têm um controle significativo sobre minha vida e afetam profundamente meu comportamento e minhas decisões.

(2) Meus hábitos exercem um impacto considerável sobre minha vida e frequentemente influenciam meu comportamento e minhas decisões.

(3) Meus hábitos têm um impacto moderado sobre minha vida e ocasionalmente influenciam meu comportamento e minhas decisões.

(4) Meus hábitos têm um impacto limitado sobre minha vida e raramente influenciam meu comportamento e minhas decisões.

(5) Meus hábitos não exercem impacto significativo sobre minha vida e não influenciam meu comportamento ou minhas decisões.

2. Capacidade de rompimento com maus hábitos – Como você avalia sua capacidade de romper com hábitos indesejáveis?

(1) Tenho pouca ou nenhuma capacidade de romper com hábitos indesejáveis e não aplico estratégias para isso.

(2) Tenho dificuldade em romper com hábitos indesejáveis e raramente utilizo estratégias para isso.

(3) Tenho alguma capacidade de romper com hábitos indesejáveis e às vezes utilizo estratégias para isso.

(4) Tenho boa capacidade de romper com hábitos indesejáveis e frequentemente utilizo estratégias para isso.

(5) Tenho plena capacidade de romper com hábitos indesejáveis e estou constantemente aplicando estratégias para isso.

Prática: Com base na sua avaliação, que estratégias você pode adotar para aumentar sua capacidade de romper com hábitos indesejáveis e manter o controle sobre seu comportamento?

CAPÍTULO 6

DEFINIÇÃO DE PROPÓSITO

Todos os hábitos, exceto o de definição,
podem levar ao hábito da alienação!

O primeiro princípio para romper com o hábito da alienação antes que o ritmo hipnótico o fixe como permanente é a definição de propósito. Quando temos a qualidade da definição, temos um foco singular, uma compreensão completa de nossas motivações e objetivos, uma firmeza em nossa determinação e uma relutância em aceitar a derrota como definitiva. A definição de propósito é o que transforma as intenções em ações.

O CAMINHO PARA O INFERNO É
PAVIMENTADO COM BOAS INTENÇÕES.

Se uma boa intenção não atingir a qualidade de propósito definido, ela pode levar à alienação, o que, por meio do funcionamento do ritmo hipnótico, de fato leva ao inferno psicológico e físico. As intenções nos induzem a pensar que estamos indo bem porque temos boas intenções. Entretanto, o pensamento sem a estrutura do hábito rapidamente dá origem à falta de objetivo caracterizada pela alienação. Portanto, temos a tarefa de transformar nossas intenções em um propósito definido apoiado por planos definidos.

> O Diabo reconhece que "todo princípio do bem traz consigo a semente de um perigo equivalente". A paixão por qualquer coisa, exceto pela definição, pode ser perigosa, pois pode suprimir a força de vontade e o pensamento preciso. Por esse motivo, o Diabo lista a paixão e o medo como suas duas armas mais eficazes para seduzir as pessoas ao hábito de se alienar. Os indivíduos que são dominados pela paixão ou pelo medo não podem tirar o máximo proveito do princípio da definição, pelo qual podem impedir que a lei do ritmo hipnótico torne seus hábitos destrutivos permanentes.

Se você não quiser as sobras da vida – se quiser se elevar acima dos 98% de pessoas que não têm um objetivo definido na vida –, precisará identificar seu principal objetivo definido, a única coisa que deseja acima de tudo na vida. Isso pode ser de natureza financeira, ter a ver com poder ou com a qualidade de seus relacionamentos – cabe a você decidir como definir o sucesso.

"A pessoa que não sabe exatamente o que quer da vida deve aceitar o que restar depois que aqueles que utilizam a definição de propósito como princípio finalizarem suas escolhas."

Um objetivo maior definido é mais do que um impulso de pensamento; é um estado mental por meio do qual um desejo é nutrido em um impulso abrangente para atingir um propósito específico, apoiado pela fé na certeza do sucesso em atingi-lo. Um objetivo principal definido tem três características:

- É definitivo; tem especificidade.
- É dominante; tem primazia sobre todos os outros pensamentos.
- É sustentado pela fé, ou seja, pela certeza de que você o alcançará.

Tudo o que pensamos e fazemos deve estar totalmente alinhado com esse objetivo maior e definido, e qualquer obstáculo que surja no caminho deve ser encarado como uma oportunidade de aumentar nosso esforço e dedicação, em vez de uma desculpa para desistir de nossos sonhos e metas.

A DEFINIÇÃO NAS PEQUENAS COISAS LEVA À DEFINIÇÃO NAS GRANDES COISAS.

A definição é como um músculo que pode ser fortalecido por meio de exercícios regulares. Ao praticar a definição de propósito nos aspectos cotidianos de sua vida, você estará mais bem preparado para aplicar a definição ao seu principal objetivo na vida. Por exemplo, tomar uma decisão definitiva sobre o horário em que acordará pela manhã – programar um alarme e levantar com convicção, ao primeiro toque – cria um impulso que alimentará sua determinação durante o resto do dia.

Esteja ciente de que o Diabo tentará neutralizar seus esforços, tentando-o com hábitos de pensamento aos quais você acha prazeroso se entregar. Se, por exemplo, você gosta de viajar, será induzido a sonhar acordado com as férias em vez de tomar as medidas definitivas necessárias para transformar sua visão em realidade.

Para manifestar nosso desejo primário em sua contraparte material, podemos usar a fórmula de definição abaixo.

Fórmula para ter um objetivo definido

1. Estabeleça em sua mente o objeto exato que você deseja (por exemplo, uma quantia específica de dinheiro, um cargo específico, um relacionamento específico etc.).
2. Determine especificamente o que você está disposto a dar em troca para atingir seu objetivo definido.
3. Estabeleça um prazo fixo para atingir seu objetivo definido.
4. Crie e comece imediatamente a implementar um plano definido para atingir seu objetivo definido. Não confie apenas na lógica ou na razão; reveja o capítulo sobre o sexto sentido para obter a ajuda da imaginação criativa para gerar planos práticos.
5. Resuma suas respostas às quatro etapas acima e escreva-as em uma declaração clara e concisa.
6. Leia essa declaração em voz alta para si mesmo duas vezes ao dia – uma vez antes de dormir e outra logo depois de despertar. Ao recitar seu objetivo maior definido, veja, sinta e acredite que está pronto para obter o que deseja.

Outra forma de expressar essa fórmula é a afirmação de que "os desejos dominantes de uma pessoa podem ser materializados em seus equivalentes físicos por meio da definição de objetivo apoiada pela definição de planos, com a ajuda da lei da natureza do ritmo hipnótico e do tempo!".

A DEFINIÇÃO INSPIRA A INOVAÇÃO, CULTIVA A INFLUÊNCIA E ATRAI RIQUEZAS.

A definição de objetivo é o que separa as pessoas realmente bem-sucedidas daquelas que sucumbem ao funcionamento negativo do ritmo hipnótico. Foi o que levou Henry Ford, Franklin D. Roosevelt e Thomas Edison ao sucesso, e foi o que levou Hitler e Al Capone ao poder (e à infâmia). Aqueles que não têm definição não são páreo para os indivíduos que têm essa qualidade. Qual será sua arma contra a alienação e sua chave para o sucesso?

"Qualquer ser humano que possa definir seus objetivos e planos pode fazer com que a Vida lhe entregue o que ele desejar!"

DEFINIÇÃO DE PROPÓSITO

Questão 1: Como você avalia sua clareza sobre o objetivo principal de sua vida?

(1) Tenho pouca ou nenhuma clareza sobre o que quero alcançar.

(2) Tenho alguma clareza, mas meus objetivos ainda são vagos e imprecisos.

(3) Tenho uma ideia clara, mas preciso definir melhor meus objetivos e planos.

(4) Tenho um objetivo bem definido e especificado, mas preciso trabalhar mais na execução.

(5) Tenho um objetivo claro e específico, com planos detalhados e um cronograma definido para alcançá-lo.

Questão 2: Como você avalia sua dedicação ao seu objetivo principal?

(1) Eu raramente penso no meu objetivo ou tomo ações para alcançá-lo.

(2) Tenho algum nível de dedicação, mas frequentemente deixo de seguir meu plano.

(3) Estou bastante dedicado, mas ainda há momentos em que minha determinação vacila.

(4) Sou muito dedicado ao meu objetivo e sigo meu plano de forma consistente.

(5) Sou totalmente dedicado, com um compromisso inabalável e ações consistentes para alcançar meu objetivo.

Questão 3: Como você avalia sua capacidade de superar obstáculos em relação ao seu objetivo?

(1) Tenho dificuldade em lidar com obstáculos e frequentemente desisto diante de dificuldades.

(2) Tento superar obstáculos, mas muitas vezes fico desmotivado quando enfrento dificuldades.

(3) Lido com obstáculos razoavelmente bem, mas às vezes me sinto frustrado e desanimado.

(4) Sou eficaz em superar obstáculos e mantenho a motivação mesmo quando enfrento desafios.

(5) Tenho uma habilidade excepcional em superar obstáculos, usando-os como oportunidades para melhorar e avançar em direção ao meu objetivo.

Prática: Com base na sua avaliação, pense em que estratégias você pode adotar para criar, se dedicar e superar os obstáculos em relação ao seu objetivo definido.

CAPÍTULO 7

AUTODISCIPLINA

A pessoa que não é mestre de si mesma
nunca poderá ser mestre dos outros.

Para pensar e agir com determinação de objetivo, precisamos ter a qualidade do autocontrole ou autodisciplina. De fato, a forma mais destrutiva de indefinição é a falta de autodomínio. As cinco proteções restantes contra a alienação (aprender com a adversidade, o ambiente, o tempo, a harmonia e a cautela) são todas expressões do princípio da autodisciplina. O Diabo chega ao ponto de dizer que os seres humanos deveriam imitá-lo, porque ele nunca perde o autocontrole. Por outro lado, sua oposição também não, pois ambos são limitados pelo funcionamento da lei natural. Somente os seres humanos têm o privilégio da independência de pensamento, o que lhes permite agir contra a lei natural. É claro que sua violação só pode ser temporária. A lei da compensação, uma manifestação do ritmo hipnótico, garante que os indivíduos acabem colhendo o que plantaram em igual medida.

Há três desejos principais que todos devem dominar para desenvolver autodisciplina suficiente para evitar a armadilha da alienação:

- O desejo por comida
- O desejo de expressão do sexo
- O desejo de expressar opiniões pouco organizadas

Como são desejos naturais, não podem ser totalmente evitados, mas esse fato nos oferece a oportunidade de desenvolver força de vontade e determinação, de cultivar uma apreciação pela moderação e pelo equilíbrio e de melhorar nossa capacidade de canalizar nossos desejos naturais para fins produtivos.

No ensaio "Compensação", Ralph Waldo Emerson descreve como cada ser humano é recompensado ou punido em vida, de acordo com a natureza de suas ações. A punição pode não parecer diretamente relacionada ao erro – ela pode ser adiada ou pode adotar uma expressão diferente (como medo em vez de um fracasso aparente), mas é de alguma forma vinculada à infração. O ritmo hipnótico garante que todas as forças sejam equilibradas de forma harmoniosa. O mesmo princípio se aplica aos pensamentos e ações construtivos: preste serviços úteis aos outros e promova relações harmoniosas, e o Universo o recompensará de maneira equivalente, mas não necessariamente idêntica.

SEU ESTÔMAGO E SEU CÉREBRO ESTÃO LIGADOS.

Comer demais, especialmente os tipos errados de alimentos, afeta a qualidade de seus pensamentos. A ingestão excessiva de alimentos calóricos e não saudáveis retarda a digestão, o movimento físico e a cognição, fazendo com que fiquemos irritados e ansiosos e percamos a capacidade de nos concentrar ou pensar criticamente. Para dominar o desejo por comida, devemos nos preocupar com a quantidade e a qualidade dos alimentos que consumimos e garantir que nossa dieta tenha fibras suficientes para manter um sistema interno eficiente. Mais informações sobre como controlar esse apetite natural podem ser encontradas no Capítulo 11.

O SEXO É UM DESEJO PRODUTIVO... QUANDO CANALIZADO ADEQUADAMENTE.

O sexo em excesso drena nossa energia criativa e física, destruindo efetivamente nosso carisma, diminuindo o entusiasmo e provocando negatividade. Como subjuga a ambição e a iniciativa pessoal, resulta em apatia. Entretanto, o sufocamento completo da emoção do sexo faz com que ela se manifeste em outras formas menos desejáveis. Para desenvolver o autocontrole nessa área, converta a emoção do sexo na força motriz de suas buscas profissionais. Se você a canalizar adequadamente, desenvolverá uma força magnética característica de uma personalidade agradável, vigor no tom e no comportamento, impulso em sua jornada de sucesso, melhora na saúde física e mental, mais criatividade, tomada de decisões mais eficiente e definida, facilidade para superar obstáculos, imunidade às tentações da preguiça e da procrastinação e muito mais.

PESSOAS QUE FALAM DEMAIS GERALMENTE PENSAM DE MENOS.

O desejo de expressar opiniões pouco organizadas é inerente a todos. Falamos demais porque queremos alimentar nossa vaidade e nosso ego; desejamos atenção. No entanto, compartilhar nossos pensamentos com muita liberdade tende a ter o efeito oposto: afasta as pessoas e destrói a autoestima. Essa compulsão é a razão de termos tanta desinformação no mundo: ela influencia as pessoas a deduzir em vez de procurar os fatos antes de formar opiniões, criar ideias ou organizar planos. Ela causa dispersão de pensamentos e ações, a ponto de um indivíduo iniciar muitos projetos, mas raramente concluir um. Quando compartilhamos demais, convidamos outras pessoas a se beneficiarem de nossas próprias ideias ou a interferirem nelas. Entretanto, há um grande poder nas ideias bem pensadas e pesquisadas que são comunicadas com emoção, coerência e definição. Procure principalmente ouvir e aprender e compartilhe seus pensamentos somente quando a situação exigir um discurso conciso e ponderado.

O Diabo não tem problemas com a expressão religiosa porque ela se opõe a seus objetivos; na verdade, como será abordado no Capítulo 15, a maioria das expressões religiosas fortalece seu domínio sobre o mundo. É inato aos seres humanos o desejo de participar de cerimônias religiosas que os levem a um estado de arrebatamento espiritual e emocional. Motivadas principalmente pelo medo do demônio e da vida após a morte, essas experiências rompem a conexão das pessoas com a Inteligência Infinita porque destroem a razão, a força de vontade e o alicerce do bom senso e do pensamento preciso, atraindo, assim, o funcionamento negativo do ritmo hipnótico. Para fortalecer sua autodisciplina no domínio da expressão religiosa, perceba que não há nada para o bem ou para o mal em todo o Universo, exceto o poder da lei natural.

AVALIAÇÃO DA AUTODISCIPLINA

Questão: Como você avalia sua autodisciplina na vida cotidiana?

(1) Tenho dificuldade em manter o controle sobre meus impulsos e frequentemente me desvio dos meus objetivos.

(2) Eu consigo manter algum controle, mas frequentemente me deixo levar por distrações e falta de foco.

(3) Tenho um controle razoável sobre meus impulsos e sigo a maioria dos meus planos com alguma consistência.

(4) Eu mantenho um bom controle sobre meus impulsos e sou capaz de seguir a maior parte dos meus planos de maneira consistente.

(5) Tenho um excelente controle sobre meus impulsos, mantenho o foco e sigo meus planos com disciplina rigorosa.

Prática: Com base na sua avaliação, que melhorias você pode implementar para fortalecer sua autodisciplina e alcançar seus objetivos com maior eficácia?

CAPÍTULO 8

APRENDENDO COM A ADVERSIDADE

O fracasso é uma circunstância criada pelo homem. Ele nunca é real até que tenha sido aceito como permanente.

Ao contrário do que dizemos a nós mesmos, a adversidade não é resultado de má sorte ou destino ruim. Mesmo que não mereçamos pessoalmente um resultado negativo, podemos enfrentar provações por causa de nossos pensamentos e comportamentos como família, comunidade, nação ou até mesmo sociedade global. A lei da compensação se aplica tanto aos hábitos coletivos quanto aos individuais, garantindo que aquilo que colocamos em um sistema seja equivalente ao que emerge dele. A lei natural, sempre destinada a manter e restaurar a harmonia, garante que a combinação de hábitos negativos de pensamento e ações resulte em adversidade. Com o tempo, o ritmo hipnótico consolida uma série de circunstâncias em um padrão discernível – um sulco de hábitos mentais e comportamentais que, por fim, se manifestam como infortúnio individual ou, em uma escala maior, depressão econômica e outras aflições em massa.

O FRACASSO NUNCA É DEFINITIVO

Independentemente do motivo pelo qual nos deparamos com o infortúnio, a forma como reagimos a ele é o fator mais importante para determinar nosso resultado. O fracasso nunca é definitivo até que seja visto como tal. Entretanto, a grande maioria das pessoas começa a se alienar assim que encontra oposição, e, de acordo com o Diabo, "nem um em cada dez mil continuará tentando depois de fracassar duas ou três vezes". O fracasso faz com que a maioria das pessoas se desvie, porque diminui o moral, a autoconfiança, o entusiasmo, a imaginação e a definição de objetivo. À medida que essas qualidades se desgastam, é mais provável que aceitemos a derrota temporária como fracasso, em vez de usá-la para fomentar nosso sucesso.

Mas o fracasso não precisa ditar nossos resultados – se tivermos a mentalidade certa. Como o Diabo revela, "a vida dá a todos o poder do pensamento positivo, que é suficiente para dominar todas as circunstâncias de adversidade e convertê-las em benefícios". A mentalidade é totalmente democrática: independentemente de sua posição na vida, você pode controlar seus pensamentos de forma a mobilizá-los para a realização de seu objetivo principal definido.

> *"Toda adversidade traz consigo a semente*
> *de um benefício equivalente ou maior."*

Para sobreviver em tempos desafiadores, e até mesmo prosperar, devemos nos lembrar de duas coisas:

- Não importa o quão difícil um problema possa parecer, sempre há uma solução – se não uma que "conserte" a questão, pelo menos uma que ofereça um caminho produtivo para o futuro.
- Há potencial para grande sucesso em toda derrota temporária – se ela for abordada como motivação para buscar novos planos e identificar novas oportunidades.

Todos os grandes líderes, empreendedores e inovadores enfrentam dificuldades e sofrem derrotas temporárias antes de "chegarem lá". O que distingue esses indivíduos da média das pessoas é o fato de terem uma qualidade crucial chamada "resiliência": eles persistem nos desafios da vida e saem vitoriosos. Eles não apenas superam o fracasso, mas também procuram nele as sementes do sucesso. Considere os exemplos de Thomas Edison e Henry Ford: nenhum deles desistiu quando se deparou com obstáculos em seu caminho para a inovação. Seu sucesso foi diretamente proporcional à sua capacidade de resistir a uma derrota temporária. Na maioria das vezes, o fracasso ocorre não por causa da incapacidade do indivíduo, mas simplesmente pela sua desistência.

"O sucesso geralmente é apenas um pequeno passo além do ponto em que se deixa de lutar."

A ADVERSIDADE OFERECE UMA OPORTUNIDADE DE REDEFINIÇÃO PARA O SUCESSO.

Embora o fracasso possa induzir ou fortalecer o hábito da alienação, ele também pode quebrar o controle do ritmo hipnótico, porque oferece a oportunidade de redefinir completamente a mente e começar de novo. Às vezes, o fracasso nos força a atingir um nível de crise tão intenso que nos permite limpar nossa mente de qualquer medo, eliminar hábitos destrutivos e começar de novo em outra direção, na qual podemos criar um ritmo novo e mais construtivo. Reserve um momento para observar os seguintes benefícios da adversidade:

- A adversidade nos obriga a descobrir nossas fraquezas e a pensar nelas.
- A adversidade nos dá a chance de nos testarmos e aprendermos quanta força de vontade temos.
- A adversidade nos força a enxergar muitas verdades que de outra forma não descobriríamos.
- A adversidade nos ajuda a apreciar o poder da autodisciplina para nos afastar das garras do ritmo hipnótico.
- A adversidade nos permite discernir a falha em nossos objetivos ou nos planos para atingir esses objetivos.
- A adversidade nos cura da vaidade e do orgulho.
- A adversidade inibe o egoísmo e incentiva a colaboração e a interdependência.
- A adversidade nos empurra para a meditação e a introspecção a fim de encontrarmos formas e meios de atingir fins definidos, o que geralmente leva à descoberta e ao uso do sexto sentido.
- A adversidade nos desafia a reconhecer a necessidade da inteligência de fontes externas.
- A adversidade quebra velhos hábitos de pensamento e oferece a oportunidade de formar novos hábitos de pensamento, mudando assim a operação do ritmo hipnótico de fins negativos para positivos.

Esta última vantagem é de longe a maior, pois nada mais pode quebrar e redirecionar a força do ritmo hipnótico além da adversidade. Para transformar a adversidade em oportunidade, devemos consultar os recursos disponíveis:

- A imaginação sintética, também conhecida como faculdade de raciocínio
- A imaginação criativa, também conhecida como sexto sentido
- Seu grupo de MasterMind
- Seu "outro eu"

"Há um grande poder a ser descoberto em seu 'outro eu'! Procure com sinceridade de coração e você o encontrará."

O "outro eu" é a força que nos ajuda a romper o controle do ritmo hipnótico quando a adversidade e o fracasso perturbam os padrões preexistentes. Ele aparece "em momentos de emergência incomum, quando os homens são forçados, por meio da adversidade e da derrota temporária, a mudar seus hábitos e pensar em como sair das dificuldades". Quando chegamos ao "fundo do poço" – quando achamos que não temos mais opções e não temos a menor ideia de como sair de uma situação difícil – é que frequentemente ouvimos os estímulos do outro eu, que não conhece limitações, não tem medo e não reconhece a palavra "impossível". Ao contrário da entidade do medo, que nos leva a aceitar a derrota, o outro eu nos dá a confiança de que precisamos para identificar planos definidos e nos recuperar do fracasso.

O outro eu funciona unindo-se ao sexto sentido para gerar novas percepções sobre como atingir nosso objetivo principal definido. Ele comunica sua inspiração por meio de pensamentos que surgem com tanta força que são facilmente distinguíveis dos nossos pensamentos comuns, gerados por nós mesmos. Ele domina a entidade do medo ao nos libertar de nosso complexo de inferioridade, de nosso sentimento de não sermos bons o suficiente. Embora o outro eu possa destronar a entidade do medo, esta nunca morre; simplesmente fica adormecida, aguardando a oportunidade de recuperar o domínio. Portanto, devemos nos sintonizar com a entidade da fé e proteger nossa mente de pensamentos limitantes e baseados no medo.

AUTOAVALIAÇÃO SOBRE A ATITUDE DIANTE DAS ADVERSIDADES

Fazendo uma autocrítica, marque a alternativa que mais se enquadra em seu estado atual quanto à atitude diante das adversidades:

(1) Eu não sou capaz de identificar e alterar hábitos negativos de pensamento quando enfrento adversidades.

(2) Quando encontro obstáculos, não costumo buscar ajuda e inspiração de fontes externas, como mentores ou grupos de apoio.

(3) Eu reajo com uma mentalidade positiva quando a situação é difícil, mas só depois de deixar o lado negativo das coisas me afetar.

(4) Eu vejo o fracasso como uma oportunidade de aprendizado e crescimento, e não como uma derrota permanente.

(5) Quando enfrento desafios, eu procuro imediatamente encontrar soluções criativas e práticas para superá-los.

Prática: O que você percebe que precisa fazer diferente para ter uma atitude mais positiva em relação aos fracassos e adversidades? O que você pode fazer para fortalecer sua mente para lidar com problemas, barreiras e dificuldades?

CAPÍTULO 9

AMBIENTE

Todas as pessoas absorvem e assumem, consciente ou inconscientemente, os hábitos de pensamento daqueles com quem se relacionam intimamente.

O ambiente em que vivemos é a chave para nosso sucesso ou fracasso. Como nossa mente nunca pode ficar ociosa, ela está sempre absorvendo informações sensoriais externas – para o bem ou para o mal. Por isso, devemos prestar atenção às forças físicas e emocionais que agem sobre nós em determinado momento.

Cada ambiente tem seu próprio ritmo definido e discernível, e, quanto mais tempo passamos em determinado lugar, mais nossos pensamentos se alinham com seu ritmo, literalmente ajustando seu tempo para atingir a mesma vibração. Como o ritmo hipnótico atua sobre nossos pensamentos e nossos ambientes, o ritmo de ambos se tornará permanente com o tempo.

Dizem que "somos a média das cinco pessoas com quem passamos mais tempo". A lei do ritmo hipnótico fornece uma justificativa física para esse fato: a natureza faz com que nossa mente se harmonize com nossas influências ambientais – especialmente os aspectos do ambiente resultantes de nosso relacionamento com outros seres humanos. Embora tenhamos livre-arbítrio, o ambiente determina a natureza de nossos pensamentos. Ambientes tóxicos geram hábitos de pensamento destrutivos, e vice-versa. Embora nossos pontos fortes inatos certamente desempenhem um papel em nosso sucesso, nossas influências ambientais podem ser a razão pela qual esses pontos fortes florescem ou fracassam.

TANTO A IMITAÇÃO QUANTO A BAJULAÇÃO SÃO PORTAS DE ENTRADA PARA A ALIENAÇÃO.

As influências dominantes às quais nossa mente é mais suscetível são aquelas formadas pela associação com outras mentes. Como diz o Diabo, "todas as pessoas absorvem e assumem, consciente ou inconscientemente, os hábitos de pensamento daqueles com quem se relacionam intimamente". Imitamos os hábitos de pensamento e, depois, as ações dos outros, e essa imitação se torna um hábito fixo que pode ser superado pela lei do ritmo hipnótico.

O processo de criação de hábitos mentais e comportamentais por meio da imitação começa na infância, quando reproduzimos os pensamentos e as ações de nossos pais. O Diabo perverte um processo de desenvolvimento saudável ao manipular a mente dos pais para inadvertidamente atrair os filhos para o lado negativo. Quando os pais forçam os filhos a ter os mesmos pensamentos e a acreditar nas mesmas crenças que eles, em vez de cultivar a liberdade de pensamento, eles estão fazendo o trabalho do Diabo. Além disso, a maioria dos pais já tem essa alienação, portanto, ao seguir o exemplo deles, os filhos também se tornam alienados. Quando os pais minam a coragem e o poder do pensamento independente das crianças – e esse processo continua com professores, educadores religiosos e outras influências da sociedade, conforme detalhado no Capítulo 18 –, elas se tornam propensas ao funcionamento negativo do ritmo hipnótico desde cedo na vida.

ENCONTRE SUA FONTE DE ALIMENTAÇÃO... E RECARREGUE.

Felizmente, temos o poder de controlar nosso ambiente. Para isso, não podemos ficar alienados, precisamos assumir a responsabilidade por nossos hábitos de pensamento e escolher um ambiente que promova o pensamento positivo. A maneira de fazer isso é por meio da definição de propósito, que nos permite cultivar um novo ambiente mental, espiritual e físico propício para reverter a aplicação do ritmo hipnótico de fins negativos para positivos.

O ambiente mais eficaz para impulsionar sua jornada de sucesso é aquele criado por um grupo de mentores. Discutido em detalhes no Capítulo 13, um grupo de MasterMind é uma aliança harmoniosa de indivíduos que trabalham juntos para ajudar uns aos outros a atingir o objetivo principal definido de cada um.

ESCALA DE INFLUÊNCIA DO AMBIENTE

Questão: Em que medida o ambiente ao seu redor contribui para o seu sucesso e bem-estar?

Instruções: Avalie o impacto do seu ambiente atual em sua vida usando a escala abaixo. Para cada aspecto mencionado, escolha a opção que melhor reflete sua experiência atual. Seja honesto e reflexivo ao considerar como cada ambiente afeta sua mentalidade e comportamento.

1. Ambiente de Trabalho

(1) Muito negativo: O ambiente de trabalho é altamente tóxico e desmotivador, prejudicando constantemente meu progresso e bem-estar.
(2) Negativo: O ambiente de trabalho é desconfortável e muitas vezes desmotivador, afetando negativamente minha produtividade e entusiasmo.
(3) Neutro: O ambiente de trabalho é aceitável, mas não particularmente inspirador e estimulante. Não há um impacto significativo positivo ou negativo.
(4) Positivo: O ambiente de trabalho é geralmente encorajador e produtivo, contribuindo para o meu progresso e bem-estar.
(5) Muito positivo: O ambiente de trabalho é altamente inspirador e motivador, promovendo meu sucesso e crescimento contínuo.

2. Ambiente Social

(1) Muito negativo: Meus relacionamentos sociais são prejudiciais e desestimulantes, contribuindo para sentimentos de desânimo e frustração.

(2) Negativo: Meus relacionamentos sociais são frequentemente desmotivadores e tensos, afetando meu humor e bem-estar.
(3) Neutro: Meus relacionamentos sociais são adequados, mas não têm um impacto significativo positivo ou negativo em minha vida.
(4) Positivo: Meus relacionamentos sociais são geralmente encorajadores e positivos, contribuindo para minha motivação e felicidade.
(5) Muito positivo: Meus relacionamentos sociais são extremamente apoiadores e inspiradores, promovendo um forte senso de bem-estar e sucesso.

3. Ambiente Familiar

(1) Muito negativo: O ambiente familiar é altamente conflituoso e desestimulante, afetando profundamente meu bem-estar e progresso.
(2) Negativo: O ambiente familiar é frequentemente tenso e desmotivador, impactando negativamente minha mentalidade e comportamento.
(3) Neutro: O ambiente familiar é estável, mas não tem um impacto significativo positivo ou negativo em minha vida.
(4) Positivo: O ambiente familiar é geralmente harmonioso e encorajador, contribuindo para meu desenvolvimento e felicidade.
(5) Muito positivo: O ambiente familiar é extremamente acolhedor e estimulante, proporcionando um sólido suporte para meu crescimento e sucesso.

4. Ambiente Físico

(1) Muito negativo: O ambiente físico onde passo a maior parte do tempo é desconfortável e prejudicial à minha saúde e produtividade.

(2) Negativo: O ambiente físico é frequentemente desagradável e desmotivador, afetando meu bem-estar e eficiência.
(3) Neutro: O ambiente físico é aceitável, mas não contribui significativamente para o meu conforto ou produtividade.
(4) Positivo: O ambiente físico é geralmente agradável e confortável, promovendo uma boa saúde e produtividade.
(5) Muito positivo: O ambiente físico é altamente confortável e estimulante, criando um espaço ideal para saúde e sucesso.

5. Ambiente Mental e Espiritual

(1) Muito negativo: Minha mente e espírito estão frequentemente sobrecarregados e desmotivados por influências negativas constantes.
(2) Negativo: Minha mente e espírito são frequentemente afetados por influências negativas, prejudicando meu bem-estar e motivação.
(3) Neutro: Minha mente e espírito estão em um estado de equilíbrio, mas não há influências significativas positivas ou negativas.
(4) Positivo: Minha mente e espírito são geralmente encorajados por influências positivas, contribuindo para minha motivação e equilíbrio.
(5) Muito positivo: Minha mente e espírito são altamente inspirados e nutridos por influências positivas, promovendo um forte senso de propósito e sucesso.

CAPÍTULO 10

TEMPO

O tempo é a influência do tempero da natureza por meio do qual a experiência humana pode ser amadurecida em sabedoria.

O tempo e o ritmo hipnótico são partes integrantes da mesma força natural que solidifica os hábitos de pensamento, tornando cada vez mais difícil rompê-los. Essa força nos recompensa ou penaliza de acordo com a natureza de nossos hábitos de pensamento. Se nossos pensamentos dominantes forem negativos, então o tempo consolidará o hábito do pensamento negativo. A cada minuto adicional que passa envolvido em pensamentos negativos, você está dando ao tempo a oportunidade de tornar o hábito de pensamento permanente por meio da lei do ritmo hipnótico. A mesma regra se aplica ao pensamento positivo: quanto mais você praticar o pensamento positivo, maior será a probabilidade de o tempo conceder-lhe permanência. O tempo necessário para fixar permanentemente os hábitos de pensamento é diferente para cada indivíduo, mas, em última análise, depende do objeto e da natureza de seus pensamentos.

O tempo não pode curar nossas feridas ou resolver nossos problemas deliberadamente e sem nossa participação ativa. Como a grande corrente da vida que nos leva em direção aos hábitos de pensamento que cultivamos, o tempo modifica os fatos, valores e relações humanas de acordo com os princípios por meio dos quais cada um se relaciona consigo mesmo, com a sociedade e outros indivíduos. Mas ele está sempre se esforçando para a harmonia: tudo o que semeamos em termos de relacionamentos positivos ou negativos, colheremos na mesma proporção.

A SABEDORIA É O FRUTO DA MATURIDADE.

O tempo não apenas torna os hábitos de pensamento permanentes, mas também amadurece a experiência humana em sabedoria. Esse tipo de conhecimento só pode ser cultivado com o passar do tempo. Ele difere do conhecimento acumulado, pois não surge automaticamente com o acúmulo de informações. Não deriva puramente do estudo prolongado ou da orientação; o conhecimento recebido dessas fontes deve ser temperado com o tempo, o pensamento positivo e o esforço voluntário. Por esse motivo, a sabedoria normalmente só é obtida após os 40 anos de idade. Antes disso, a maioria das pessoas se concentra em acumular conhecimento e organizá-lo em planos definidos.

"Sabedoria é a capacidade de se relacionar com as leis da natureza para que elas sirvam a você, e a capacidade de se relacionar com outras pessoas de modo a obter sua cooperação harmoniosa e voluntária para ajudá-lo a fazer com que a vida produza tudo o que você exigir dela."

A sabedoria só chega aos que não se alienam com pensamentos dominantes negativos. Ela não pode ser abusada, sendo aplicada para fins questionáveis ou maléficos; deve sempre ser direcionada para fins positivos e construtivos. Como tal, seu objetivo geralmente é prestar serviços úteis aos outros.

Como você pode converter conhecimento em sabedoria? A fórmula que o Diabo fornece é "Tempo mais o desejo de sabedoria". Para obter conhecimento confiável e comprovado pelo tempo, precisamos entender como aproveitar o poder do ritmo hipnótico para impulsionar nosso crescimento pessoal. Isso envolve a busca das chaves para uma aliança harmoniosa com a lei natural e com outras pessoas. A adversidade e o fracasso também são meios eficazes de transformar o conhecimento em sabedoria – se buscarmos voluntariamente as lições e oportunidades contidas neles.

ESCALA DE BOM USO DO TEMPO

Questão: Em que medida você está utilizando o tempo de forma eficaz para transformar conhecimento em sabedoria e alcançar seus objetivos?

Instruções: Avalie seu uso do tempo para a maturação de seus pensamentos e experiências, e como isso contribui para o seu crescimento pessoal e profissional. Em uma escala de 1 a 5, escolha a opção que melhor reflete sua situação atual.

1. Uso do tempo para crescimento pessoal

(1) Frequentemente desperdiço meu tempo em atividades improdutivas e não consigo transformar o conhecimento adquirido em sabedoria prática.

(2) Passo algum tempo em atividades que não contribuem significativamente para o meu crescimento pessoal e tenho dificuldade em aplicar o conhecimento de forma eficaz.

(3) Uso o tempo de forma razoável para adquirir conhecimento, mas a aplicação prática para transformar isso em sabedoria é limitada e não consistente.

(4) Dedico um tempo considerável ao desenvolvimento pessoal e estou começando a transformar o conhecimento adquirido em sabedoria aplicável e útil.

(5) Utilizo o tempo de maneira excelente para refletir e aplicar o conhecimento adquirido, constantemente transformando-o em sabedoria prática e efetiva que contribui significativamente para meus objetivos e bem-estar.

Prática: Após avaliar sua situação, identifique áreas onde você pode melhorar o uso do tempo para transformar conhecimento em sabedoria. Pense em estratégias ou mudanças que possam ajudar a otimizar essa transformação e fortalecer seu crescimento pessoal e profissional.

CAPÍTULO 11

HARMONIA

Nada transcende a harmonia e a relação ordenada, que são a força imortal de toda lei. Essa é a essência do Infinito.

Por trás de toda a existência há uma lei inexorável que não pode ser violada. Ela ordena que o Universo busque restaurar a ordem e o equilíbrio em todas as coisas. Isso se aplica tanto à natureza como um sistema quanto a seus elementos individuais. Mesmo que as unidades individuais de energia tendam à casualidade, ou desorganização, há uma força contrária trabalhando para estabelecer a harmonia.

Ralph Waldo Emerson teorizou essa lei universal do dinheiro como lei da compensação. Descrevendo o dualismo com o qual toda a natureza é estruturada, Emerson explica que "o mesmo dualismo subjaz à natureza e à condição do homem".

"Todo excesso causa um defeito; todo defeito, um excesso. Todo doce tem seu azedo; todo mal tem seu bem. Toda faculdade que é receptora de prazeres tem uma penalidade equivalente aplicada ao seu abuso. Ela deve responder por sua moderação com sua vida. Para cada grão de inteligência há um grão de loucura. Para cada coisa perdida, você ganhou alguma outra; e para cada coisa recebida, você perdeu outra."

– Ralph Waldo Emerson, "The Law of Compensation", em *Essays: First Series* (Boston: Phillips, Sampson, and Co., 1856), 87.

Devido à lei da compensação, nossos esforços sempre produzirão um resultado correspondente, quer esse resultado venha à tona imediatamente ou em um futuro distante. Por esse motivo, é extremamente importante que sejamos ponderados em cada comportamento que adotamos, reconhecendo que haverá consequências de curto e/ou longo prazo. Essa lei também nos conforta pelo fato de que toda adversidade deve ser equilibrada pela prosperidade. No entanto, desfrutar dessa prosperidade depende da maneira como reagimos à adversidade. Toda adversidade apresenta as sementes da oportunidade, mas precisamos identificar o potencial dentro da dificuldade para colher os benefícios disponíveis.

MENTES E CORPOS DESORGANIZADOS PRODUZEM PENSAMENTOS E PLANOS DESORDENADOS.

Como nossos pensamentos procuram se harmonizar com as influências dominantes de nosso ambiente, independentemente de facilitarmos ativamente o processo ou não, é crucial que cultivemos um ambiente que nos ajude a estabelecer e manter a harmonia no corpo e na mente. Quando atingimos a idade adulta e temos o poder de controlar o que nos rodeia, devemos monitorar ativamente nosso ambiente mental, espiritual e físico para garantir que suas influências dominantes sejam positivas. Quando você identificar elementos negativos, remova-os imediatamente. Por exemplo, se descobrir uma influência da consciência do fracasso agindo em sua vida, tente se cercar de pessoas bem-sucedidas para que sua mente possa se harmonizar com a atmosfera da consciência do sucesso. Outro exemplo: se reconhecer que um parceiro de negócios está inserindo dúvidas em sua organização, busque uma nova aliança, para que sua mente não se harmonize com o medo e as críticas do seu associado.

> *"Nenhum ser humano deve a outro qualquer grau de obrigação a ponto de lhe roubar o privilégio de construir seus hábitos de pensamento em um ambiente positivo."*

O que acontece se as influências negativas em sua vida forem membros da família? Uma resposta detalhada a essa pergunta é encontrada no capítulo sobre relacionamentos, mas aqui está uma resposta sucinta: não vale a pena manter nenhum relacionamento, mesmo com parentes de sangue, se isso o levar ao hábito da alienação.

Seu sucesso e sua felicidade são importantes demais para permitir que você seja sugado pelo abismo dos pensamentos negativos por causa de uma lealdade tóxica. Cerque-se de pessoas positivas, motivadas e que pensam livremente, e seus pensamentos se harmonizarão de forma poderosa e produtiva. Além disso, quando você emite pensamentos positivos, eles se harmonizam e atraem energia positiva do plano espiritual, ampliando assim sua inteligência e aumentando seu impulso.

Nosso corpo também está sujeito à lei da harmonia. Embora a hereditariedade desempenhe um papel no funcionamento de nosso sistema interno, ela não é insuperável, exceto em casos muito extremos. Quando os elementos individuais do corpo físico estão em desarmonia uns com os outros, isso prejudica nossos hábitos de pensamento. Em outras palavras: um corpo desorganizado cria uma mente desorganizada. Abaixo estão as três principais causas de disfunção no sistema corporal:

- **Alimentação excessiva** – o Diabo admite: "Faço com que a maioria das pessoas coma demais e o tipo errado de alimento. Isso leva à indigestão e destrói o poder do pensamento preciso. Se as escolas públicas e as igrejas ensinassem mais às crianças sobre alimentação adequada, elas produziriam danos irreparáveis à minha causa". A ingestão excessiva de alimentos, especialmente os não saudáveis, obstrui nosso sistema corporal, tornando a cognição mais lenta. Mais informações sobre a importância de uma alimentação saudável podem ser encontradas na lição sobre autodisciplina.
- **Alcoolismo** – o hábito de ingerir bebidas alcoólicas em excesso também causa desarmonia no corpo e no ambiente e leva à alienação. O consumo excessivo de álcool não apenas cria de-

sarmonia nos órgãos, especialmente no fígado, mas também desordena a mente, produzindo pensamentos incoerentes, frenéticos e excessivamente emocionais.

- **Tabagismo** – depois do sucesso com a bebida, o Diabo seduziu a juventude pós-Segunda Guerra Mundial a adotar outro hábito ruim: o de fumar. Além das repercussões físicas, o cigarro, assim como a bebida, induz o indivíduo a sucumbir à alienação, pois "o consumo de cigarros destrói o poder de persistência, o poder de resistência e a capacidade de concentração; amortece e enfraquece a faculdade imaginativa e ajuda, de outras maneiras, a impedir que as pessoas usem a mente de forma mais eficaz; além disso, convida à frouxidão em outros relacionamentos humanos". Fumar prejudica o corpo, a mente e os relacionamentos.

Ao nos abstermos de hábitos prejudiciais à saúde, como comer demais, beber demais e fumar, mantendo uma dieta equilibrada, bebendo água suficiente e dormindo o suficiente, podemos garantir que nosso corpo permaneça no estado mais harmonioso possível. Às vezes, a genética e o ambiente exercem influência sobre o corpo e resultam em doenças, mas todos nós podemos fazer nossa parte para manter o funcionamento rítmico e harmonioso do corpo por meio de hábitos saudáveis.

ESCALA DE HARMONIA PESSOAL

Pergunta: Em que medida você está conseguindo manter a harmonia em sua vida através da gestão equilibrada de seus pensamentos, ambiente e saúde física?

Instruções: Avalie como você está estabelecendo e mantendo a harmonia em sua vida, levando em consideração seus hábitos de pensamento, ambiente ao seu redor e cuidados com sua saúde.

(1) Frequentemente me sinto desarmonizado e estressado devido a hábitos prejudiciais, influências negativas ao meu redor e falta de cuidado com minha saúde, resultando em pensamentos desordenados e comportamento caótico.
(2) Luto para encontrar equilíbrio em minha vida, com influências negativas frequentes e hábitos de saúde inadequados, o que leva a uma sensação constante de desarmonia e pensamentos confusos.
(3) Tenho algum controle sobre meus hábitos e ambiente, mas ainda há áreas onde a desarmonia se manifesta, resultando em desafios para manter mente e corpo em equilíbrio.
(4) Consigo manter a maior parte da harmonia em minha vida, gerenciando bem minhas influências e hábitos, e estou ativamente trabalhando para melhorar áreas onde ainda há desarmonia.
(5) Mantenho um alto nível de harmonia em minha vida, com hábitos saudáveis, um ambiente positivo e uma mente organizada. Minhas práticas de autocuidado e gestão de influências ajudam a fortalecer meu bem-estar e sucesso.

Prática: Após avaliar sua situação, identifique áreas onde você pode aprimorar a harmonia em sua vida. Considere estratégias para melhorar a gestão de seus pensamentos, ambiente e saúde para fortalecer sua sensação de equilíbrio e bem-estar.

CAPÍTULO 12

CAUTELA

Além do hábito da alienação, a característica humana mais perigosa é a falta de cautela.

Os alienados demonstram falta de cautela ao agir antes de pensar. Por exemplo:

- Os alienados não são seletivos com relação a seus amigos.
- Os alienados não são cuidadosos em sua escolha de ocupação. Eles aceitam o primeiro emprego que lhes oferece um salário.
- Os alienados não são cautelosos com seus investimentos e muitas vezes acabam sendo enganados.
- Os alienados não praticam o autocuidado adequado e acabam ficando doentes.
- Os alienados não se protegem da influência do ambiente de pessoas que vivem na pobreza, portanto, sua mente é dominada pela consciência da pobreza.
- Os alienados não observam os motivos pelos quais as outras pessoas fracassam e, portanto, atraem o fracasso para sua própria vida.
- Os alienados não examinam as fontes do medo e, portanto, atraem o medo em todas as suas formas.

- Os alienados não escolhem cuidadosamente um(a) parceiro(a) nem observam os princípios de relacionamentos conjugais harmoniosos e acabam fracassando no casamento.
- Os alienados perdem amigos e aliados por falta de cautela na maneira como se relacionam com seus colegas.

"O alienado sempre se move sem usar a cautela. Ele age primeiro e pensa depois, se é que pensa."

Por outro lado, as pessoas que não são alienadas sempre são cautelosas, pensando cuidadosamente em seus planos antes de começar a implementá-los. Por exemplo:

- As pessoas que não são alienadas levam em conta os pontos fracos de seus associados e fazem planos para compensá-los.
- As pessoas que não são alienadas protegem seus interesses criando outros recursos caso suas tentativas iniciais fracassem.
- As pessoas que não são alienadas acompanham o progresso de suas missões, nunca considerando seu sucesso como garantido.

Cautela não significa agir com medo; na verdade, é o oposto: os que não são alienados têm cautela porque estão confiantes em seu objetivo principal definido e reconhecem a importância de planos práticos para seu sucesso final.

Uma pessoa pode ser cautelosa demais? Na verdade, não. Não existe excesso de precaução. O que as pessoas chamam de excesso de precaução é, na verdade, apenas uma pressão do medo. A verdadeira cautela é sempre exercida com confiança.

Como as influências do ambiente afetam significativamente sua suscetibilidade à alienação, é preciso ter cuidado principalmente na seleção de seus parceiros e na forma como você se relaciona com eles. É de seu interesse associar-se somente com pessoas que contribuam com algum benefício mental, espiritual ou econômico definido por meio do relacionamento. Esse é o dever de todo indivíduo que deseja felicidade e sucesso.

A DEFINIÇÃO É MAIS IMPORTANTE DO QUE A ENGENHOSIDADE.

O planejamento é a expressão física da cautela. Para que seus objetivos e planos tenham sucesso, eles devem ser construídos sobre um alicerce de definição. Como o Diabo aconselha: "Faça uma lista de todos os que você considera bem-sucedidos e observe que o sucesso deles está na proporção exata da definição de seus planos e propósitos". De fato, independentemente da força de seus planos, você acabará obtendo sucesso se tiver a qualidade da definição. Isso não significa que planos práticos não sejam importantes, pois a velocidade com que você obtém sucesso depende da solidez de seus planos. Você obterá sucesso mais rapidamente com um plano sólido aplicado de forma definitiva do que com um plano inconsistente aplicado da mesma forma, mas ambos acabarão levando ao sucesso. Afinal de contas, planos fracos podem ganhar força quando aplicados de forma definitiva. Um plano sólido que não tenha definição, por outro lado, não produzirá sucesso. A indefinição abre a mente para influências negativas que levam à alienação, degradando o plano e sua implementação.

> *"Os melhores planos às vezes não dão certo, mas a pessoa que age com determinação reconhece a diferença entre derrota temporária e fracasso. Quando um plano falha, ela o substitui por outro, mas não muda seu objetivo. Por fim, ela encontra um plano que é bem-sucedido."*

No entanto, mesmo com um plano definido e um objetivo definido, o indivíduo pode encontrar uma derrota temporária. Quando os planos fracassam, as pessoas com definição e perseverança persistem nos desafios, analisando-os em busca de sementes para novos planos. Elas também consultam seu grupo de mentores para obter ajuda e aprendem com os planos que falharam a formar novos planos práticos. Desde que um indivíduo tenha determinação, ele acabará obtendo sucesso.

Além de serem definidos, os planos devem ser justos para obter sucesso a longo prazo. A lei da compensação determina que as pessoas colhem o que plantam. Os planos que carecem de justiça ou moralidade podem trazer sucesso temporário, mas não duradouro, o que requer o apoio do tempo. O tempo, sempre amigo da justiça e da moralidade, corrige todos os erros, garantindo que as pessoas que semeiam planos baseados em impulsos negativos acabem sendo penalizadas com uma colheita fracassada. Não cometa o erro de cobiçar ganhos temporários obtidos por planos imorais e injustos; olhe para a frente e observe os resultados negativos no horizonte.

Exercício 1: "Mestre da Cautela"

Questão: Como você avalia sua prática de cautela em relação às suas decisões e relacionamentos?

(1) Muito negativo: Frequentemente tomo decisões impulsivas sem considerar as consequências e me envolvo em relacionamentos que não contribuem positivamente para minha vida.

(2) Negativo: Faço algumas escolhas sem muita reflexão e tenho dificuldades em manter relacionamentos que me beneficiem, muitas vezes resultando em problemas futuros.

(3) Neutro: Tento ser cauteloso em algumas áreas, mas ainda cometo erros por falta de planejamento e tenho relacionamentos que nem sempre são positivos.

(4) Positivo: Me esforço para ser cauteloso, planejando minhas ações e escolhendo cuidadosamente meus relacionamentos, mas ainda há espaço para melhorias.

(5) Muito positivo: Sou extremamente cauteloso, sempre considerando todas as possíveis consequências antes de agir e mantendo relacionamentos que realmente contribuem para meu sucesso e bem-estar.

Exercício 2: "Plano Definido"

Questão: Como você avalia a definição e a justiça dos seus planos e objetivos?

(1) Muito negativo: Meus planos frequentemente carecem de definição clara e não considero a justiça ou moralidade, levando a resultados insatisfatórios e a problemas éticos.

(2) Negativo: Embora eu tenha algum planejamento, meus objetivos às vezes são vagos e nem sempre considero a justiça e a moralidade dos meus planos.

(3) Neutro: Eu tenho uma definição razoável para meus planos e tento ser justo, mas há momentos em que a clareza e a ética podem ser melhoradas.

(4) Positivo: Meus planos são bem definidos e geralmente justos, mas continuo buscando formas de aprimorar a clareza e garantir que todos os aspectos sejam éticos.

(5) Muito positivo: Meus planos são claramente definidos e justos, e eu constantemente avalio e ajusto meus objetivos para garantir que sejam éticos e eficazes a longo prazo.

CAPÍTULO 13

MASTERMIND

Realizações notáveis em todas as esferas da vida são obtidas por meio da aplicação do MasterMind (coordenação harmoniosa de duas ou mais mentes trabalhando para um fim definido).

Há força nos números. O princípio do MasterMind utiliza o funcionamento positivo do ritmo hipnótico para materializar essa verdade. Uma aliança de MasterMind é um acordo feito entre dois ou mais indivíduos que coordenam suas mentes para se ajudarem mutuamente a alcançar um objetivo principal definido. É mais do que uma rede de trabalho – um grupo de MasterMind é significativamente menor, formado com extrema objetividade e caracterizado por reuniões regulares. É a aliança profissional mais importante que você terá, portanto, deve selecionar seus membros com muito cuidado – não com base em quem você gosta, mas em quem beneficiará mais sua jornada de sucesso, complementando (e não replicando) seu conhecimento e experiência e mantendo-o concentrado em seu objetivo principal definido.

Ao alinharem seus pensamentos e propósitos, os membros do MasterMind aproveitam a preferência da natureza pela harmonia e recrutam o Universo para lhes trazer vantagens econômicas e psíquicas.

- **Vantagens econômicas** – os indivíduos em um grupo de MasterMind podem coordenar seus esforços para gerar renda. Os membros se ajudam mutuamente a identificar e obter acesso a oportunidades de networking, complementam o conhecimento uns dos outros, avaliam a solidez dos planos e combinam esforços de outras formas para aumentar o poder e o ímpeto uns dos outros no sentido de transformar desejos em riquezas materiais.
- **Vantagens psíquicas** – quando os indivíduos unem forças para um fim específico, trabalhando em um espírito de completa harmonia, eles criam uma terceira mente: sua energia espiritual é tão grandemente magnetizada que uma afinidade é construída – uma força que aumenta a energia de cada membro do grupo e proporciona maior acesso à Inteligência Infinita.

Ao colherem vantagens financeiras e espirituais, os membros do MasterMind alcançam o sucesso exponencialmente mais rápido do que aqueles que tentam fazer isso sozinhos. Andrew Carnegie destacou o princípio do MasterMind como o segredo por trás de seu enorme sucesso – assim como mais de quinhentas outras pessoas com realizações comerciais e profissionais significativas.

Seja ativando as vantagens econômicas ou psíquicas, os indivíduos em um grupo de MasterMind devem usar a associação para desenvolver e refinar planos práticos da seguinte maneira:

- Organize um grupo de mentores que lhe dará todo o apoio necessário para criar e/ou executar seus planos.
- Determine que tipo de assistência e conhecimento especializado você pode oferecer em troca da cooperação e do discernimento dos membros do grupo.

- Agende reuniões com seu grupo de MasterMind pelo menos duas vezes por semana.
- Assegure que a harmonia perfeita seja mantida entre os membros do grupo.

O último ponto é especialmente importante porque a cooperação é fundamental para que o princípio do MasterMind funcione. À medida que sua aliança de MasterMind trabalha harmoniosamente em direção a um objetivo definido, lembre-se de dedicar tempo e atenção suficientes para avaliar a solidez de seus planos, já que isso determina a velocidade com que você atinge seu objetivo. Lembre-se também de que nenhuma pessoa tem estudo, experiência, talento natural e imaginação suficientes para alcançar um grande sucesso sem a ajuda de outras pessoas.

AVALIAÇÃO DE ALIANÇA PODEROSA

Questão: Como você avalia sua aplicação do princípio de MasterMind na sua vida e nos seus projetos?

(1) Sinto que preciso melhorar na formação de um grupo MasterMind e na colaboração com outros para alcançar meus objetivos. Preciso começar a procurar pessoas que complementem meu conhecimento e organizar reuniões regulares.

(2) Sinto que minha abordagem ao princípio de MasterMind ainda é limitada. Deveria me empenhar mais em encontrar membros adequados e em manter uma comunicação constante e eficaz com eles.

(3) Reconheço que tenho um grupo de apoio, mas sinto que poderia melhorar a harmonia e a frequência das reuniões. Preciso planejar como posso refinar e otimizar as contribuições do grupo para alcançar melhores resultados.

(4) Tenho um grupo de MasterMind e participo de reuniões regulares. No entanto, sinto que poderia fortalecer ainda mais a harmonia e a colaboração dentro do grupo para maximizar as vantagens econômicas e psíquicas.

(5) Tenho um grupo MasterMind bem estabelecido com reuniões regulares e uma excelente harmonia entre os membros. Sinto que minha prática está alinhada com o princípio de MasterMind e tenho colhido benefícios significativos para o meu sucesso.

PLANO DE AÇÃO PARA MAXIMIZAR O PRINCÍPIO DE MASTERMIND

1. Definição do Objetivo

- Objetivo: Definir claramente o objetivo principal que você deseja alcançar com a ajuda de seu grupo MasterMind.
- Ação: Escreva uma declaração de objetivo específica, mensurável e com prazo definido.

2. Formação do grupo MasterMind

- Objetivo: Selecionar e formar um grupo MasterMind com membros que complementem seu conhecimento e habilidades.
- Ação: Identifique potenciais membros para seu grupo que tenham experiência ou expertise que você precisa. Entre em contato e convide-os para participar.

3. Estabelecimento de reuniões regulares

- Objetivo: Manter comunicação constante e coordenação com os membros do grupo.
- Ação: Agende reuniões regulares (pelo menos duas vezes por semana) com seu grupo MasterMind. Utilize ferramentas de videoconferência ou encontros presenciais, conforme necessário.

4. Promoção da harmonia e cooperação

- Objetivo: Assegurar uma colaboração harmoniosa e produtiva entre os membros do grupo.
- Ação: Facilite a comunicação aberta e honesta. Resolva conflitos rapidamente e garanta que todos os membros sintam que suas opiniões são valorizadas.

5. Revisão e avaliação dos planos

- Objetivo: Avaliar a eficácia dos planos e ajustar conforme necessário para maximizar os resultados.
- Ação: Realize uma revisão regular dos planos e objetivos discutidos nas reuniões. Ajuste as estratégias conforme o feedback do grupo e os resultados obtidos.

6. Desenvolvimento pessoal e profissional

- Objetivo: Continuar a crescer e aprimorar suas habilidades e conhecimentos com a ajuda do grupo.
- Ação: Identifique áreas de desenvolvimento pessoal e profissional e busque a orientação do grupo MasterMind para melhorar nessas áreas.

7. Implementação e Ajustes

- Objetivo: Colocar os planos em prática e fazer ajustes baseados nos resultados.
- Ação: Execute os planos acordados, monitore o progresso e ajuste as estratégias conforme necessário com base no feedback contínuo e nas mudanças de circunstâncias.

CAPÍTULO 14

PODER

Não é o mero estado de espírito conhecido como definição que dá poder a alguém, mas sim as forças, as pessoas e o conhecimento que a definição atrai.

O poder se refere à influência e à autoridade que alguém cultiva por meio da definição de objetivos e planos. Como acontece com todas as forças da natureza, o poder tem manifestações negativas e positivas. Ele pode elevar um líder à custa de quem o segue ou pode enriquecer ambas as partes. Esses dois tipos de poder são chamados de poder pela força e poder pela cooperação.

O poder pela força é coercitivo; ele usa propaganda e violência, seja física ou psicológica, para garantir seguidores relutantes ou inconscientes. Os líderes que governam pela força subjugam as pessoas por meio do hábito da alienação.

O Diabo assume o crédito pela nomeação de todos os ditadores, observando que a democracia é inimiga da alienação, porque incentiva o pensamento independente. À medida que a iniciativa individual é destruída, as pessoas governadas por ditadores perdem seu arbítrio, sua criatividade e força de vontade, o que as enfraquece ainda mais. No entanto, os ditadores acabam fracassando, porque a lei da compensação retribui sua força com fraqueza e porque seus seguidores operam em um plano inferior de pensamento, inibindo o sucesso de toda a coletividade.

O poder verdadeiro e duradouro só pode ser obtido por meio da cooperação. O poder obtido por meio do consentimento capacita todos os indivíduos – tanto líderes quanto seguidores – a se coordenarem com o ritmo hipnótico para obter resultados melhores.

O DIABO ESTÁ NOS DETALHES.

O método favorito do Diabo para adquirir poder sobre os indivíduos é a propaganda, que ele define como "qualquer dispositivo, plano ou método pelo qual as pessoas podem ser influenciadas sem saber que estão sendo influenciadas ou sem conhecer a fonte da influência". O Diabo favorece a propaganda por causa de sua sutileza: as pessoas consomem propaganda, mas não são capazes de distingui-la de seus próprios pensamentos, e logo começam a se comportar de acordo com essa propaganda, que erroneamente associam a seus próprios desejos e impulsos de pensamento. Esses indivíduos, então, tornam-se vítimas da alienação, porque perdem toda a liberdade de pensamento. As pessoas dão ao Diabo "o direito de manipular seus pensamentos enquanto vivem e o privilégio de assumir o que resta deles quando morrem". O Diabo é o maior propagandista de todos os tempos – de fato, o próprio medo do Diabo nada mais é do que propaganda.

> O Diabo admite misturar propaganda com os noticiários do mundo, e os efeitos são palpáveis: dependência de informações sensacionalistas e medo em massa disfarçado de prudência. As pessoas que não são alienadas consomem a mídia de notícias com moderação e têm a capacidade de discernir a ameaça de impulsos de pensamentos negativos que podem induzir o hábito de se alienar.

Somente os alienados são suscetíveis às maquinações do Diabo. A seguir, o método preferido do Diabo para obter controle sobre um indivíduo por meio do uso de propaganda:

- Suborno, especialmente por meio de:
  - » Amor
  - » Desejo sexual
  - » Cobiça
  - » O desejo compulsivo de receber algo em troca de nada (por exemplo, jogos de azar)
  - » Vaidade e egoísmo
  - » Desejo de dominar os outros
  - » Desejo de entorpecentes e narcóticos
  - » Desejo de se expressar por meio de palavras e ações
  - » Desejo de imitar os outros
  - » Desejo de perpetuação da vida após a morte
  - » Desejo de idolatrar os outros
  - » Desejo por comida

- Intensificar o desejo pela maior fraqueza do indivíduo e, em seguida, induzi-lo a inúmeros fracassos, incentivando-o a desistir.
- Se o indivíduo obtém o que deseja, o Diabo faz com que ele se entregue excessivamente a um desejo, pegando as loucuras adjacentes no processo.
- O Diabo embrulha o que o indivíduo quer em um pacote de algo que ele não quer.

O suborno permite que o Diabo tenha acesso à mente de um indivíduo, e, uma vez que ele consiga se firmar, pode começar a manipular os seus pensamentos. Se encontra um obstáculo, o Diabo volta os desejos naturais do indivíduo contra ele e faz dos desejos uma porta de entrada para a alienação. E o Diabo não está sozinho em seus esforços; os indivíduos que já estão sob o seu controle são recrutados para distorcer os pensamentos dos outros até que eles se tornem alienados – primeiro por meio de suborno e, se isso falhar, por meio do medo ou do pensamento de algum infortúnio. O Diabo tem trabalhadores dispostos e não dispostos que atraem aqueles que estão prestes a se afastar ainda mais da definição, prendendo-os em hábitos de pensamento destrutivos que levam ao funcionamento negativo do ritmo hipnótico.

A INTELIGÊNCIA EMOCIONAL É REALMENTE O INGREDIENTE SECRETO PARA ACUMULAR INFLUÊNCIA.

Para se proteger das influências do Diabo e de suas legiões, procure obter poder pelos seguintes meios:

- Mantendo a definição do objetivo
- Controlando suas emoções

- Dominando o medo
- Privilegiando o amor pela definição de propósito em detrimento de outros tipos de amor
- Exigindo o que você quer da vida e fazendo com que ela pague de volta

Alguns podem se preocupar com o fato de que, se seguirem essa prescrição, ficarão endurecidos. Se você compartilha dessa preocupação, lembre-se de que a definição é um valor primordial que apoia, em vez de diminuir, a qualidade de vida e os relacionamentos. Por exemplo, aqueles que se preocupam em buscar a definição acima do amor deveriam reconhecer que seguir um objetivo principal definido atrairá pessoas com as quais poderão ter um relacionamento romântico, capazes de aprimorar sua jornada de sucesso.

"Todo princípio do bem traz consigo a semente de um perigo equivalente!"

O poder, como todo desejo natural, pode ser corrompido e transformar um líder em um alienado. Para evitar a autodestruição, aqueles que constroem o poder por meio da definição devem rejeitar a ganância pelo poder e o amor pela expressão egoísta, que levam ao hábito de violar os direitos dos outros e fazem com que os indivíduos sejam vítimas da aplicação negativa da lei da compensação. A definição de objetivo, portanto, pode ser perigosa se for vinculada a fins injustos ou imorais, ou se for usada para alimentar o ego. O Capítulo 19 explicará como o serviço deve ser combinado com a definição de objetivo.

AVALIAÇÃO DO PODER E DA INFLUÊNCIA

Questão: Em que medida você está utilizando o poder e a influência de forma positiva em sua vida e nas suas interações com os outros?

Escala de autoavaliação:

(1) Sinto que preciso melhorar em manter o foco na definição de meus objetivos e fazer um plano claro para alcançá-los.

Ação sugerida: Desenvolver um plano de ação e revisar regularmente os objetivos para garantir que estão alinhados com suas metas.

(2) Sinto que preciso melhorar em controlar minhas emoções e evitar ser manipulado por influências externas.

Ação sugerida: Praticar técnicas de controle emocional, como meditação e autossugestão, para aumentar a resiliência às influências externas.

(3) Sinto que preciso melhorar em identificar e evitar formas sutis de propaganda que possam estar me influenciando negativamente.

Ação sugerida: Estar mais consciente sobre as fontes de informação que você consome e avaliar criticamente as mensagens que recebe.

(4) Sinto que preciso melhorar em cultivar relacionamentos baseados na cooperação e no benefício mútuo, em vez de buscar poder pela força.

Ação sugerida: Investir em construir e fortalecer relações de trabalho e pessoais que se baseiam na colaboração e no respeito mútuo.

(5) Sinto que preciso melhorar em garantir que minha busca por poder e sucesso não comprometa minha ética e os direitos dos outros.

Ação sugerida: Refletir sobre os impactos das suas ações e decisões em outras pessoas e assegurar que suas metas estejam alinhadas com princípios éticos e justos.

CAPÍTULO 15

FÉ

A "fé" é o início de todas as grandes conquistas.

A fé não é um sentimento momentâneo, que pode ser adicionado aos nossos pensamentos em um piscar de olhos. É um estado mental que deve ser cultivado intencionalmente, liberando a mente de todas as formas de pensamentos negativos e conflitos emocionais e substituindo-os pela crença definitiva em alguma coisa. Em outras palavras, a fé é a definição de um objetivo apoiada pela crença na sua realização. A fé e o medo não podem coexistir na mente: onde o medo reside, a fé não pode funcionar.

O ritmo hipnótico, a grande lei natural que busca restaurar a harmonia e o ritmo em tudo, fornece a lógica física para a fé. Uma vez que o cérebro esteja livre de todos os conflitos emocionais, ele poderá estabelecer o equilíbrio e a ordem, tornando-se mais receptivo à energia positiva e à percepção construtiva da inteligência universal. Nesse estado mental conhecido como fé, nossos pensamentos podem se harmonizar mais prontamente com os impulsos de pensamento do plano superior, o que nos permite localizar mais facilmente as formas e os meios de atingir qualquer objetivo desejado que esteja de acordo com a lei natural. A fé também nos ajuda a localizar nosso "outro eu" e a nos comunicar com a

Inteligência Infinita por meio do sexto sentido. A falta de fé, por outro lado, bloqueia qualquer comunicação do plano espiritual.

A ORAÇÃO É UM PEDIDO FEITO COMO UMA GARANTIA.

Em um estado de fé, nossas orações são sempre respondidas – elas podem apenas não ser respondidas com as coisas ou circunstâncias materiais pelas quais oramos. Isso geralmente ocorre porque estávamos orando por algo que exigia a suspensão da lei natural. Outro motivo pelo qual a oração pode não receber a resposta esperada é que ela tenha sido feita em um estado mental que não estava em completa harmonia com a lei natural; em outras palavras, oramos com uma postura de medo ou desespero, em vez de fé e segurança.

O primeiro ponto nos lembra que não há milagres; a lei natural deve sempre governar os resultados da oração. O segundo ponto indica que:

- Devemos orar em um estado de espírito positivo, sem nenhum conflito emocional.
- Não podemos orar com uma postura de medo, que só traz resultados negativos.
- Não podemos nos lamentar e implorar a Deus ou ao Universo que assuma a responsabilidade por todos os nossos problemas ou que nos forneça tudo o que desejamos na vida. Deus não responde à fraqueza. Além disso, a preguiça nos impede de usar a mente para transformar nossos desejos em realidade.
- Não podemos usar a bajulação em uma tentativa de propagandear Deus.
- Não podemos ter preguiça ao orar, usando orações prontas, e ainda esperar resultados.

A lei da compensação determina que colhemos o que plantamos: se orarmos com uma postura de medo, preguiça ou engano, então é isso que colheremos. E quanto mais cultivarmos esses hábitos de pensamento negativo por meio da oração, maior será a probabilidade de o ritmo hipnótico assumir o controle e torná-los permanentes. Por outro lado, se orarmos com determinação de propósito e confiança em nosso sucesso final, mobilizaremos as leis da natureza para identificar planos práticos que transformem nossos desejos em realidade.

> *"O indivíduo responde às suas próprias orações porque controla seu próprio estado de espírito, tornando-o positivo ou negativo."*

Como você pode orar com mais eficácia? Siga este novo método de oração:

- Faça uma oração antes de passar por adversidades, para não ser tentado a orar com medo.
- Não peça mais bens materiais e maiores bênçãos; peça para ser digno do que você já tem.
- Expresse gratidão pelas bênçãos que já coroam seus esforços, especialmente seus ativos intangíveis.

Não só a Inteligência Infinita responde bem a essa abordagem, mas você também descobrirá um depósito de bênçãos que já detém, fortalecendo sua gratidão e contentamento. Nesse estado de espírito, você pode pedir mais prontamente a orientação da Inteligência Infinita sobre como alcançar seus principais desejos na vida.

O DOGMA PODE LEVAR À ALIENAÇÃO.

A religião é um auxílio ou um sofrimento? O Diabo revela que ela pode ser ambos, dependendo de como é usada. Algumas igrejas do mundo, entretanto, muitas vezes servem como veículos de propaganda.

Os líderes religiosos incutem o medo em seus seguidores: medo da morte, medo da vida após a morte e medo do Diabo. O Diabo chega a dizer que "a religião é a maior inimiga da humanidade e minha maior aliada, porque dopa o cérebro dos seres humanos com dogmas fundados e mantidos no medo, na ignorância e na superstição". Ao manter a mente das pessoas concentrada em seus medos, os líderes religiosos disseminam as mesmas ideias que dizem atacar. Como observa o Diabo, "a melhor maneira de divulgar uma ideia é atacando-a". Em outras palavras, ao espalhar o medo do Diabo, os líderes religiosos na verdade prendem as pessoas permanentemente aos seus medos. Pois "os homens passam a se assemelhar aos pensamentos que dominam suas mentes", e, à medida que o hábito do medo se solidifica, a lei do ritmo hipnótico assume o controle, forçando os indivíduos a se submeterem completamente ao medo.

O pecado existe? O Diabo diz que sim, qualquer coisa que alguém faça ou pense que cause infelicidade é pecado. A felicidade vem somente da harmonia, e a harmonia provém de pensar e agir de acordo com a lei natural. Como a lei da compensação garante que colhemos o que plantamos, não podemos ser verdadeiramente felizes se estivermos plantando sementes de destruição. Portanto, só podemos ter paz de espírito por meio de pensamentos e comportamentos que respeitem a nós mesmos e aos outros indivíduos. O Diabo lista as seguintes formas comuns de pecado:

- Comer em excesso, o que leva a problemas de saúde e à miséria.
- Excesso de sexo, o que destrói a força de vontade e leva ao hábito da alienação.
- Permitir que sua mente seja dominada por inveja, ganância, medo, ódio, intolerância, vaidade, autopiedade ou desânimo, que são estados mentais que levam à alienação.
- Trapaça, mentira e roubo, que são hábitos que destroem o respeito próprio e subjugam sua consciência.
- Permanecer ignorante, o que leva à pobreza e à perda de autossuficiência.
- Aceitar qualquer coisa da vida que você não queira, o que revela uma falha no uso da mente.

ENTIDADES EM CONFLITO OU FORÇAS OPOSTAS?

O Diabo controla as forças do ódio, do medo, da vaidade, da avareza, da ganância, da vingança, da superstição e da luxúria, enquanto Deus controla todas as forças positivas do mundo, incluindo o amor, a fé e a esperança. O Diabo e sua oposição são comparados às cargas positivas e negativas em um átomo. Nas palavras do Diabo: "Representamos as forças positivas e negativas de todo o sistema do Universo e estamos igualmente equilibrados um contra o outro".

O que poderíamos chamar de Deus – e que o Diabo chama simplesmente de sua "oposição" – controla o pensamento positivo. Deus é a energia universal que permite que os indivíduos alcancem o equivalente material de seus desejos. Ao manterem o controle sobre a própria mente, as pessoas podem acessar essa Inteligência Infinita e se beneficiar de sua percepção enquanto vivem; e quando morrem e abandonam seu corpo físico, podem se tornar parte dela.

O Diabo é a energia negativa e controla os pensamentos negativos. Ele não é um demônio caricato com uma língua bifurcada e cauda pontiaguda; essa imagem é uma propaganda usada desde tempos remotos para espalhar o medo. O Diabo ocupa mentes ociosas e os cantos negligenciados do cérebro humano, semeando o pensamento negativo para que possa assumir o controle total. É importante observar que o Diabo não pode punir ninguém, exceto na mente das pessoas, e isso ocorre principalmente por meio de alguma forma de medo. Não importa se o medo está relacionado a algo que existe ou não existe – a própria emoção do medo produz hábitos de pensamento que atraem o funcionamento negativo do ritmo hipnótico.

O Diabo "não pode punir ninguém, exceto na mente das pessoas, por meio de alguma forma de medo".

O propósito do Diabo é prender o maior número possível de seres humanos no funcionamento negativo do ritmo hipnótico para que ele possa reivindicar o poder mental deles quando morrerem. Como você aprendeu no Capítulo 1, qualquer mente em um estado de medo ou desorganização no momento da morte perde suas unidades de inteligência para o Diabo, enquanto a mente harmoniosa mantém sua identidade após a morte. Uma das armas mais fortes do Diabo, portanto, é o medo da morte; outras ferramentas comumente usadas são a pobreza e a falta de saúde, que desencorajam o pensamento preciso.

AUTOAVALIAÇÃO DA FÉ E PRÁTICA DE ORAÇÃO

Questão: Como você avalia sua atual prática de fé e oração?

1. Acredito que minha fé é consistente e livre de pensamentos negativos.

(1) Discordo totalmente
(2) Discordo em parte
(3) Neutro
(4) Concordo em parte
(5) Concordo totalmente

2. Sinto que preciso melhorar minha postura mental durante a oração, garantindo que ela esteja em harmonia com a lei natural.

(1) Discordo totalmente
(2) Discordo em parte
(3) Neutro
(4) Concordo em parte
(5) Concordo totalmente

3. Acredito que estou orando com mais frequência em um estado de medo ou desespero, em vez de fé e segurança.

(1) Discordo totalmente
(2) Discordo em parte
(3) Neutro
(4) Concordo em parte
(5) Concordo totalmente

4. Acredito que, ao identificar e superar medos e pensamentos negativos, posso melhorar minha comunicação com a Inteligência Infinita e atingir meus objetivos.

(1) Discordo totalmente

(2) Discordo em parte

(3) Neutro

(4) Concordo em parte

(5) Concordo totalmente

CAPÍTULO 16

MEDO

O medo é um pântano autogerador.

O medo é uma areia movediça mental que consome qualquer pessoa que entre nele. Uma vez que você abre a porta para o medo, torna-se quase impossível se livrar de suas garras. O medo paralisa a faculdade de raciocínio, impedindo assim o pensamento preciso, e destrói toda iniciativa pessoal. À medida que isso acontece, você se sentirá cada vez mais indiferente e irritado, acrescentando outros hábitos de pensamento negativo à sua base de medo. Quando o ritmo hipnótico finalmente assumir o controle, sua sentença estará cumprida: uma vida aprisionada pelo medo.

Isso também ocorre em escala de massa: o medo é contagioso, e, à medida que mais pessoas dão poder ao medo, comunidades inteiras se tornam sujeitas ao hábito da alienação. A Grande Depressão, por exemplo, foi o resultado do medo em larga escala gerado pela Primeira Guerra Mundial. O medo é uma maldição de gerações que pode ser quebrada pela fé.

O Diabo planta as sementes do medo na mente das pessoas e, à medida que essas sementes germinam e crescem com o estímulo, ele controla o espaço que elas ocupam. Sua abordagem é tão sutil que as pessoas acreditam que os medos são de sua própria criação. As seis ferramentas favoritas do Diabo para obter o controle da mente humana são as seguintes:

- **Medo da pobreza** – o medo da pobreza inspira a consciência de pobreza, levando a hábitos de pensamento caracterizados por indiferença, indecisão, dúvida, preocupação e excesso de cuidado.
- **Medo de críticas** – o medo de críticas destrói as faculdades criativas, a liberdade de pensamento e a iniciativa de uma pessoa. É o que impede o surgimento de grandes pensadores. Por causa desse medo, as pessoas não questionam as narrativas dominantes, permitindo que líderes religiosos, políticos e outros pensadores as hipnotizem com falsas doutrinas. O medo da crítica é particularmente proeminente em indivíduos cujos pais foram muito críticos com eles na infância, fazendo com que desenvolvessem um complexo de inferioridade. Isso leva a hábitos de pensamento caracterizados por autoconsciência, submissão, indecisão, inferioridade, extravagância, falta de iniciativa e falta de ambição.
- **Medo de problemas de saúde** – o medo de problemas de saúde está intimamente relacionado ao medo da velhice e ao medo da morte: todos os três vêm do fato de os seres humanos temerem o que acontecerá depois que morrerem. Muitas vezes, ele produz os próprios sintomas temidos, pois a doença pode começar como um impulso de pensamento negativo. Ele leva a hábitos de pensamento caracterizados pelo vício em modismos de saúde, hipocondria, autoindulgência e intemperança.
- **Medo da perda do amor** – o medo da perda do amor surge quando as pessoas se preocupam com a infidelidade ou o abandono do(a) parceiro(a). Isso leva a hábitos de pensamento caracterizados por ciúme, busca de falhas, falta de cuidado com o dinheiro e adultério.
- **Medo da velhice** – o medo da velhice resulta da preocupação com a vida após a morte, da pobreza na velhice e da perda da

liberdade de pensamento e atividade resultantes do processo de envelhecimento. Isso leva a hábitos de pensamento caracterizados por imaturidade, nostalgia, inferioridade e falta de imaginação.

- **Medo da morte** – o medo da morte também resulta da preocupação com a vida após a morte. Ele leva a pensamentos caracterizados por inação, medo da pobreza e fanatismo religioso.

Dos seis medos básicos, o medo da pobreza e o medo da morte são os mais úteis para o Diabo. Eles são os mais poderosos para erradicar a liberdade de pensamento e acorrentar as pessoas à sua propaganda. Para combater o medo da pobreza e o medo da morte, lembre-se de que tanto a riqueza quanto sua existência eterna dependem de sua capacidade de controlar seus pensamentos.

> O medo da crítica impede que os grandes pensadores do mundo compartilhem suas verdades. É a maneira como o Diabo consegue suprimir os pioneiros, impedindo a inovação, e manter a humanidade presa aos grilhões do pensamento estagnado. A única forma de progredir como indivíduo – e como sociedade – é abandonar as tendências de agradar às pessoas, cultivar a independência de pensamento e trocar verdades abertamente, sem medo de críticas ou retribuições. Há algo pior do que não ser apreciado, e isso é dar espaço a pensamentos negativos e ociosos, que levam ao hábito da alienação.

Quando um medo cresce tanto que domina todos os seus pensamentos, fazendo com que você se sinta desamparado e tenha dificuldades para tomar decisões, surge um estado mental conhecido como preocupação. A preocupação resulta em quatro consequências negativas que devem ser evitadas:

- A preocupação transmite impulsos de pensamentos destrutivos para outras pessoas.
- A preocupação paralisa a faculdade de raciocínio (a imaginação sintética) e o sexto sentido (a imaginação criativa).
- A preocupação utiliza o ritmo hipnótico para assumir o controle e produzir o equivalente ao medo.
- A preocupação produz uma personalidade negativa e desagradável.

A preocupação destrói a autoconfiança e reduz sua capacidade de agir em prol de seus sonhos. As curas para a preocupação são a determinação e a iniciativa pessoal – o foco do próximo capítulo.

"Mantenha a dúvida, o medo e a preocupação,
e todos os pensamentos de limitação,
totalmente fora de sua mente."

ESCALA DE ENFRENTAMENTO DO MEDO

Questão: Como você avalia sua capacidade de enfrentar e superar os medos em sua vida?

Marque a resposta que mais se adequa ao seu estado atual:

(1) Sinto que os medos dominam minha vida e frequentemente me paralisam.

(2) Reconheço que tenho medos que afetam minha iniciativa, mas às vezes consigo lidar com eles.

(3) Tenho consciência dos meus medos e trabalho para enfrentá-los, embora nem sempre com sucesso.

(4) Faço um esforço consistente para enfrentar meus medos e estou melhorando na forma como lido com eles.

(5) Sinto que enfrento e supero meus medos com eficácia, mantendo o controle sobre minha mente e ações.

Questão: Como você avalia seu nível de confiança ao lidar com desafios e situações novas?

Marque a resposta que mais se adequa ao seu estado atual:

(1) Frequentemente duvido de mim mesmo e evito situações novas por medo de falhar.

(2) Tenho momentos de autoconfiança, mas muitas vezes sou dominado por medos que me impedem de avançar.

(3) Acredito nas minhas capacidades, mas ainda hesito em situações desafiadoras, apesar de tentar enfrentá-las.

(4) Geralmente, me sinto confiante em minhas habilidades e sou capaz de lidar com medos de forma proativa.

(5) Tenho plena confiança em mim mesmo, aceito desafios de bom grado e enfrento novas situações com determinação e coragem.

Prática: Identificar os medos específicos que têm maior impacto em sua vida pode ser o primeiro passo para superá-los. Faça uma lista dos seus principais medos e escolha um deles para trabalhar ao longo da próxima semana. Estabeleça pequenas metas diárias que desafiem esse medo, começando com ações simples e aumentando a intensidade gradualmente. Ao final de cada dia, reflita sobre o progresso que fez e ajuste suas metas conforme necessário. Lembre-se de que enfrentar os medos é um processo contínuo, e cada passo na direção certa é uma vitória.

CAPÍTULO 17

CAPACIDADE DE DECISÃO E INICIATIVA

Mantenha seu próprio conselho...
tomando suas próprias decisões.

A indecisão é o pior de todos os males humanos. Ela destrói o pensamento inventivo e independente. Pensamentos fracos e sem objetivo dão ao Diabo o controle sobre a mente de uma pessoa, onde ele pode plantar as sementes do medo. Esse é um círculo vicioso, pois o medo crescente gera mais indecisão. Quando o ritmo hipnótico assume o controle, o procrastinador se vê completamente paralisado pela ansiedade e pela confusão, preso no limbo e incapaz de encontrar um caminho a seguir.

Felizmente, há um meio de evitar que a indecisão se torne a marca registrada de sua vida. Ao pensar por si mesmo, você pode proteger seu presente e turbinar seu futuro. Você precisa ser capaz de pensar de forma independente, a fim de combater a propaganda da sociedade e evitar as armadilhas do Diabo: o suborno, o fracasso e o medo.

De acordo com o Diabo, a procrastinação e a alienação são essencialmente a mesma coisa. Ele diz: "Qualquer hábito que faça com que a pessoa procrastine – que adie a tomada de uma decisão definitiva – leva ao hábito da alienação". Quando adiamos a ação necessária, não apenas criamos medo, impedindo assim nossas faculdades criativas e lógicas, mas também abrimos espaço em nosso cérebro para que o Diabo plante hábitos de pensamento destrutivos. Pense em uma ocasião em que você hesitou em iniciar um projeto – qual foi o resultado? Muito provavelmente, você sentiu uma ansiedade crescente que o dissuadiu ainda mais de começar a trabalhar nele. Essa ansiedade levou a outros hábitos de pensamento negativos, como culpa, vergonha e apatia. Uma vez que esses hábitos são criados, eles logo se tornam um ritmo que é incrivelmente difícil de romper.

Como o medo e a indecisão contribuem reciprocamente para o crescimento um do outro, você pode curar ambos tomando a iniciativa e aplicando a determinação aos medos com os quais você luta.

O hábito geral de se preocupar pode ser curado se você decidir que nada vale o preço que custa.

AS PESSOAS QUE NÃO SÃO ALIENADAS PENSAM LIVREMENTE E AGEM DE FORMA DECISIVA EM SEUS PRÓPRIOS TERMOS.

As pessoas alienadas não conseguem tomar decisões e, se conseguem, não têm a iniciativa de agir de acordo com elas. E se por acaso conseguirem agir, elas se questionarão, agirão com hesitação e considerarão voltar atrás em sua decisão.

A área mais comum em que as pessoas procrastinam é na escolha de um propósito. À medida que passam pela vida no piloto automático, elas desenvolvem o hábito de ficar alienadas – aceitando tudo o que a vida lhes oferece e nunca operando com um senso claro de direção. Elas se encaixam no primeiro emprego que encontram após a formatura, e se casam com a primeira pessoa que demonstra algum interesse romântico por elas, e tomam uma série de outras decisões críticas sem qualquer objetividade.

As influências do ambiente e a imitação são responsáveis pela adoção do hábito da procrastinação no início da vida, e a sociedade piora isso na idade adulta, fazendo com que as pessoas confiem em fontes externas para a "verdade" em vez de confiarem em seu instinto natural.

Se você se vê atormentado pela procrastinação, pode acabar com esse hábito seguindo as etapas a seguir sempre que se deparar com uma decisão que precisa ser tomada:

- Pesquise discretamente suas opções.
- Defina um curso de ação.
- Comprometa-se com o curso de ação.
- Aja com coragem.

Depois de tomar uma decisão, você deve modificar seu plano somente após uma longa consideração e consulta com seu grupo de MasterMind. Afinal de contas, as pessoas bem-sucedidas têm o hábito de tomar decisões prontamente, mas alteram essas decisões lentamente, se é que o fazem. E elas não dão ouvidos às opiniões dos outros – pensamentos que são formados rapidamente e sem evidências suficientes. Elas seguem os conselhos de seu grupo de MasterMind, que sempre tem em mente o objetivo principal definido e o plano definido. Mas o conselho mais importante é sempre aquele recebido em sua própria mente.

"Tome decisões prontamente e altere-as,
se for o caso, lentamente e com relutância,
e nunca sem um motivo definido."

AVALIAÇÃO DA DECISÃO E INICIATIVA

Questão: Como você avalia sua capacidade de tomar decisões e agir com iniciativa?

Marque a resposta que mais se adequa ao seu estado atual:

(1) Frequentemente sou paralisado pela indecisão e procrastinação e isso afeta negativamente minha vida.

(2) Às vezes tomo decisões, mas frequentemente hesito e adianto ações importantes devido à ansiedade e medo.

(3) Faço um esforço para tomar decisões e agir, embora ainda enfrente dificuldades com procrastinação e insegurança.

(4) Geralmente tomo decisões de forma decisiva e sigo adiante com iniciativas, embora possa ainda ajustar meus planos com cautela.

(5) Tomo decisões rapidamente e ajo com confiança, ajustando meus planos somente após cuidadosa consideração.

Prática: Para melhorar sua capacidade de tomar decisões e agir com iniciativa, adote o hábito de estabelecer prazos claros para suas decisões, mesmo que sejam autoimpostos. Use a técnica de "tomada de decisão em 5 minutos" para questões menores: defina um cronômetro, pese rapidamente os prós e contras e escolha a melhor opção disponível. Para decisões maiores, divida o processo em etapas menores e defina ações concretas para cada uma delas. Ao final de períodos, revise suas decisões e iniciativas, refletindo sobre o que funcionou bem e onde pode melhorar.

Desenvolva sua determinação e iniciativa memorizando e recitando a seguinte declaração algumas vezes por dia:

"Diga ao mundo o que você pretende fazer,
mas primeiro mostre."

– Napoleon Hill, *Quem pensa enriquece*

CAPÍTULO 18

EDUCAÇÃO

Todo o sistema de escolas públicas é tão administrado que ajuda a causa [do Diabo] ao ensinar às crianças quase tudo, exceto como usar a própria mente e pensar de forma independente!

As influências do ambiente têm um impacto profundo sobre nós porque nossa mente, consciente ou inconscientemente, se harmoniza com os hábitos de pensamento dominantes que nos rodeiam. Na educação, esse processo é mais potente: os educadores – que podem incluir pais, professores, educadores religiosos e outros mentores – transferem diretamente seus hábitos de pensamento para os alunos. As crianças são as mais suscetíveis a essas influências devido à sua tendência à imitação. O perigo é triplo:

- Alguns educadores destroem nas crianças o hábito de pensar por si mesmas.
- Alguns educadores diminuem o pensamento independente ao confundir a mente das crianças com ideias não comprováveis.
- Alguns educadores impõem a aquisição de conhecimento abstrato sem mostrar aos alunos o que fazer com tal conhecimento depois de obtê-lo.

Na maioria das vezes, é claro, o dano não é intencional. Os educadores acham que estão fazendo o que é melhor para seus alunos porque estão seguindo o padrão da sociedade. O problema é que esse padrão é controlado pelo Diabo, de acordo com Napoleon Hill, e tem o objetivo de arrastar as pessoas para o hábito da alienação. Como o Diabo explica, o trabalho da educação é feito em nome da "civilização", um conceito normalmente creditado às ações de Deus; no entanto, o Diabo é, na verdade, responsável pelas maquinações da civilização. Além disso, quando alguns educadores transmitem conhecimento sobre ideias não comprováveis, eles acompanham essas teorias com as sementes do medo sobre o inferno e a morte, criando espaço na mente para que o Diabo faça os medos crescerem e assuma o controle.

> Mais importante do que quaisquer fatos ou ideias que você possa adquirir no sistema escolar público é o conhecimento experimental que você pode obter na "universidade da vida". O conhecimento mais valioso que você pode ter é o conhecimento prático de sua própria mente, o que lhe permite aproveitar o poder de seus pensamentos e transformar seus desejos dominantes em realidade. Os princípios de sucesso de Hill, aliados a uma compreensão do ritmo hipnótico, ajudarão a mantê-lo longe das garras do Diabo.

O Diabo em sua confissão reconhece que as escolas e as igrejas não precisam ser substituídas, mas precisam ser reformadas para que sirvam às pessoas em vez de mantê-las na ignorância. Ele revela 33 mudanças que devem ser feitas no sistema de ensino para que ele desenvolva o hábito do pensamento independente em vez do hábito da alienação. Um novo sistema precisa:

- Permitir que os alunos atuem como instrutores e que os instrutores se tornem alunos.
- Privilegiar o aprendizado experimental, especialmente em trabalhos práticos relevantes para a vida cotidiana.
- Ensinar os alunos a fazer uma explanação de ideias para que possam adquirir tudo de que precisam na vida.
- Ensinar os alunos a administrar e usar o tempo, enfatizando que o tempo é o maior ativo disponível para todos os seres humanos – e o mais barato.
- Ensinar aos alunos os motivos básicos que influenciam as pessoas e mostrar a eles como usar os motivos para adquirir o que precisam e desejam na vida.
- Ensinar aos alunos a conexão entre hábitos alimentares saudáveis e uma boa saúde, e ajudá-los a entender como selecionar e dividir os alimentos em porções.
- Ensinar aos alunos a verdadeira natureza e função da emoção do sexo e explicar que ela pode ser redirecionada como uma força para atingir o objetivo principal definido.
- Ensinar aos alunos a importância da definição em todas as coisas, em primeiro lugar com a escolha de um objetivo principal definido na vida.
- Ensinar aos alunos as aplicações boas e ruins dos hábitos, usando ilustrações para tornar o conceito mais tangível.
- Ensinar aos alunos como o ritmo hipnótico torna os hábitos de pensamento permanentes e ajudá-los a criar hábitos que levem ao pensamento independente.

- Ensinar aos alunos a diferença entre derrota temporária e fracasso e mostrar a eles como procurar a semente da oportunidade que acompanha cada derrota.
- Ensinar os alunos a expressar seus pensamentos com coragem e a aceitar ou rejeitar as ideias dos outros, sempre reservando o privilégio de confiar em seu próprio julgamento.
- Ensinar os alunos a tomar decisões prontamente e a mudá-las lentamente, se for o caso.
- Ensinar aos alunos que a mente humana é a estação receptora da energia universal e é responsável por interpretar os estímulos que produzem o pensamento.
- Ensinar os alunos a privilegiar a harmonia da mente, que só pode ser alcançada por meio do autocontrole.
- Ensinar aos alunos a natureza e o valor da autodisciplina.
- Ensinar aos alunos a lei dos retornos crescentes, que funciona quando os indivíduos sempre prestam mais e melhores serviços do que se espera deles.
- Ensinar os alunos a viver de acordo com a Regra de Ouro, o que também significa que tudo o que eles fazem pelos outros devem fazer por si mesmos.
- Ensinar os alunos a não formarem opiniões a menos que elas sejam baseadas em fatos ou em crenças que possam ser razoavelmente aceitas como fatos.
- Ensinar aos alunos que o cigarro, a bebida alcoólica, os narcóticos e a indulgência excessiva com o sexo destroem a força de vontade e levam ao hábito de se alienar. Não os proíba nem desestimule o pensamento independente; simplesmente explique sua relação com a alienação.

- Ensinar aos alunos o perigo de acreditar em qualquer coisa simplesmente porque seus pais, instrutores religiosos ou outra pessoa dizem que é verdade.
- Ensinar os alunos a encarar os fatos, por mais desagradáveis que sejam, sem recorrer a desculpas ou enganos.
- Ensinar os alunos a ativar seu sexto sentido para obter novos conhecimentos e a examinar cuidadosamente todos os conhecimentos recebidos dessa forma.
- Ensinar aos alunos como a lei da compensação funciona no dia a dia, mesmo nas minúcias da vida.
- Ensinar aos alunos que a forma mais eficaz de oração é a definição de um propósito apoiado por planos definidos, aplicados de forma persistente e contínua.
- Ensinar aos alunos que o espaço que eles ocupam no mundo é medido pela qualidade e quantidade do serviço útil que prestam ao próximo.
- Ensinar aos alunos que não há problema que não tenha solução e que a solução geralmente é encontrada na circunstância que criou o problema.
- Ensinar aos alunos que as únicas limitações reais são aquelas que eles estabelecem ou permitem que outros estabeleçam em sua própria mente, e que as pessoas podem alcançar tudo o que concebem e em que acreditam!
- Ensinar os alunos a ser sempre eles mesmos e, como não podem agradar a todos, concentrar-se em agradar a si mesmos.

Com a implementação dessas mudanças, as crianças se tornariam imunes ao hábito da alienação e aptas a aproveitar os efeitos positivos do ritmo hipnótico. Depois de listar as mudanças recomendadas acima, o Diabo acrescenta as seguintes sugestões:

- Essas mudanças devem ser introduzidas primeiro nas escolas particulares, o que criará uma demanda por elas nas escolas públicas.
- Os alunos devem ser treinados na psicologia da negociação harmoniosa entre as pessoas.
- Os alunos devem ser treinados nos princípios de realização individual que ajudam as pessoas a obter independência financeira.
- As aulas devem ser totalmente abolidas e substituídas por um sistema de conferência, como o que os empresários empregam. Os alunos devem receber instrução individual nas matérias que não podem ser ensinadas adequadamente em grupos.
- Toda escola deveria ter um grupo auxiliar de instrutores composto por empresários, cientistas, artistas, engenheiros e jornalistas, que compartilhariam com os alunos o conhecimento prático de suas profissões.

Essas recomendações sugerem que o melhor modo de instrução é aquele voltado para o cultivo de um conhecimento prático dos assuntos cotidianos da vida diretamente da fonte original.

O Diabo "não pode resistir a um conhecimento definido, devidamente organizado em planos definidos, na mente de pessoas que pensam por si mesmas".

ESCALA DE INDEPENDÊNCIA NO PENSAMENTO

Questão: Em que medida você sente que sua educação formal contribuiu para seu pensamento independente e autônomo?

(1) Nenhuma contribuição.
(2) Pequena contribuição.
(3) Contribuição moderada.
(4) Boa contribuição.
(5) Contribuição significativa.

ESCALA DE APLICAÇÃO DO CONHECIMENTO PRÁTICO

Questão: Quão bem você acha que está aplicando o conhecimento adquirido na "universidade da vida" em sua vida cotidiana e em seus objetivos?

(1) Pouca ou nenhuma aplicação.
(2) Aplicação limitada.
(3) Aplicação moderada.
(4) Aplicação eficaz.
(5) Aplicação muito eficaz.

ESCALA DE IMPLEMENTAÇÃO DAS MUDANÇAS EDUCACIONAIS

Questão: Até que ponto você acredita que as mudanças sugeridas para o sistema educacional poderiam melhorar o desenvolvimento do pensamento independente e prático dos alunos?

(1) Pouco potencial
(2) Potencial baixo

(3) Potencial moderado
(4) Alto potencial
(5) Muito alto potencial

Prática: A avaliação dessas escalas ajuda a identificar áreas onde sua educação e aplicação prática podem ser aprimoradas. Considere como você pode buscar ativamente oportunidades de aprendizado que promovam sua autonomia e preparem você para enfrentar desafios de maneira mais eficaz e criativa.

CAPÍTULO 19

SERVIÇO

Quando um homem é consumido pelo desejo de ter bens materiais e poder pessoal sobre seus semelhantes e se esquece de que seu maior privilégio no plano terrestre é prestar serviços úteis aos outros, ele está criando uma arma de autodestruição.

Uma das melhores maneiras de superar as adversidades é procurar uma forma de prestar serviços úteis a outras pessoas. Há dois motivos principais para isso. O primordial é que o servir afasta o espírito de medo. É impossível que pensamentos negativos e positivos estejam ativos na mente ao mesmo tempo, portanto, quando um indivíduo está operando em um estado mental de generosidade e caridade, ele impede que o medo e a dúvida assumam o controle. Por esse motivo, a melhor maneira de reagir às dificuldades que causam preocupação é "encontrar outra pessoa que tenha dificuldades maiores e se dedicar a tentar ajudá-la". Essa experiência aumentará seu propósito, motivação, percepção e gratidão, colocando-o, assim, em uma posição mais eficaz para gerar orações poderosas. Na verdade, você não pode fazer uso do "outro eu" a menos que esteja operando em um espírito de generosidade e serviço. Por essas razões, servir é o melhor antídoto para a adversidade.

"Você só encontrará a felicidade se ajudar os outros a encontrá-la!"

O serviço também é a medida pela qual nossa recompensa é determinada. O Diabo revela que a melhor maneira de adquirir recursos materiais e financeiros é "prestando o maior número possível de serviços ao maior número de pessoas, por qualquer meio que se apresente a você". Qualquer objetivo principal definido que não sirva aos outros não tem a força de alguém cujo foco é melhorar a vida dos outros. Por meio da lei da compensação, a natureza garante que nossos esforços sejam atendidos com consequências proporcionais. O serviço gera assistência da natureza e o coloca em contato com outros aliados que fortalecerão sua causa.

A filosofia do sucesso de Hill incentiva as pessoas a "ir além" – para render mais e prestar um melhor serviço do que lhes é exigido. A maioria das pessoas faz exatamente o que é exigido delas, ou o que elas são pagas para fazer, e nada mais. Não siga o caminho da mediocridade. Vá além, contribuindo mais sem pedir permissão e sem instruções explícitas para fazê-lo. Você perceberá que irá avançar profissionalmente com facilidade e rapidez, além de desenvolver imunidade ao fracasso e aumentar a autoconfiança e a satisfação pessoal.

EXERCÍCIO DE AVALIAÇÃO DO SERVIÇO E ESFORÇO ADICIONAL

Questão: Em que medida você tem se dedicado a prestar serviços úteis aos outros e a ir além do que é esperado em suas atividades diárias?

Marque a opção correspondente:

(1) Nunca faço esforço extra ou presto serviços adicionais.

(2) Faço esforço extra ou presto serviços adicionais raramente.

(3) Faço esforço extra ou presto serviços adicionais ocasionalmente.

(4) Faço esforço extra ou presto serviços adicionais com frequência.

(5) Faço esforço extra ou presto serviços adicionais constantemente.

Prática: Procure avaliar esporadicamente seu nível de dedicação ao serviço e ao esforço adicional, pois isso pode revelar áreas para melhoria de seu impacto pessoal e profissional. Ao se focar em servir os outros e exceder expectativas, você não apenas contribui para o bem-estar alheio, mas também fortalece sua própria trajetória de sucesso e satisfação, prosperando muito rapidamente.

CAPÍTULO 20

RELACIONAMENTOS

A integridade da mente só pode ser alcançada pela harmonia de objetivos e ações entre duas ou mais mentes.

Os principais segredos para o sucesso revelados pelo Diabo podem parecer contraditórios: primeiro, a independência de pensamento é crucial para evitar o hábito de ficar alienado; e segundo, precisamos nos relacionar com outras pessoas para aproveitar totalmente o poder positivo do ritmo hipnótico. Essas ideias podem ser conciliadas com a noção de que nossos relacionamentos devem incentivar o pensamento ativo e livre. Na verdade, o Diabo chega a dizer que a independência total do pensamento só pode ser alcançada por meio da coordenação harmoniosa de várias mentes. Em parte, ele está se referindo ao princípio do MasterMind, mas a verdade mais profunda que ele está destacando é que o próprio ritmo hipnótico depende do relacionamento humano.

A essência da lei do ritmo hipnótico é o equilíbrio e a harmonia; ela dá um sentido objetivo aos relacionamentos que estabelecemos uns com os outros. Somos mantidos em um relacionamento adequado uns com os outros por causa da lei do ritmo hipnótico. Além disso, o ritmo hipnótico garante que nossos hábitos profissionais, sociais e familiares se tornem parte do tecido de nosso ser. O caráter nada mais é do que o funcionamento do ritmo hipnótico: nosso relacionamento com nós mesmos e com os outros, expresso por meio de hábitos de pensamento, torna-se cristalizado como personalidade devido ao ritmo hipnótico. O Diabo descreve o processo da seguinte maneira:

> "O ritmo hipnótico capta os motivos, objetivos, propósitos e sentimentos dominantes das mentes em contato e os entrelaça em algum grau de fé ou medo, amor ou ódio.
>
> Depois que o padrão toma forma definitiva, como acontece com o tempo, ele é forçado a entrar em contato com as mentes e se torna parte delas. Dessa forma silenciosa, a natureza torna permanentes os fatores dominantes de todo relacionamento humano.
>
> Em todo relacionamento humano, os motivos malignos e as ações malignas dos indivíduos que entram em contato são coordenados e consolidados em uma forma definida e sutilmente entrelaçados a essa importante característica humana conhecida como caráter.
>
> Da mesma forma, os motivos e as ações do bem são consolidados e forçados sobre o indivíduo. Veja, portanto, que não são apenas as ações de uma pessoa, mas também os próprios pensamentos, que determinam a natureza de todos os relacionamentos humanos."

A lei do ritmo hipnótico é a razão pela qual "a maioria das adversidades surge de relacionamentos inadequados entre as pessoas".

QUAL É O RELACIONAMENTO ADEQUADO ENTRE AS PESSOAS?

Como podemos utilizar os efeitos positivos do ritmo hipnótico em nosso relacionamento com os outros? De acordo com o Diabo, "o relacionamento adequado é aquele que traz alguma forma de benefício a todos os que estão envolvidos ou são afetados por ele". Deve haver harmonia de mente e de objetivo e um espírito de servir. Esse relacionamento pode ser feito para "produzir riquezas em sua forma mais elevada, riquezas materiais, mentais e espirituais". Como os riscos são muito altos, o Diabo instrui que "os parceiros íntimos devem ser escolhidos com tanto cuidado quanto se escolhe o alimento com o qual se nutre o corpo, com o objetivo de sempre se associar a pessoas cujos pensamentos dominantes sejam positivos, amigáveis e harmoniosos". Os relacionamentos de maior importância são aqueles com nossos:

- Cônjuges
- Familiares
- Colegas de trabalho
- Amigos próximos
- Conhecidos próximos

Conhecidos casuais e estranhos têm pouco impacto em nossos hábitos de pensamento. Relacionamentos adequados exigem motivos adequados, mentes harmoniosas e atenção às necessidades de todas as partes. Os relacionamentos inadequados só podem ser corrigidos de duas maneiras:

- A pessoa que está causando o relacionamento inadequado muda seus hábitos de pensamento.

- A relação muda de composição, seja adicionando ou removendo indivíduos.

ESCOLHA SEU CÔNJUGE COM SABEDORIA.

Os relacionamentos conjugais podem levar os parceiros ao sucesso ou arrastá-los ao fracasso mais rapidamente do que qualquer outro tipo de relacionamento, e é por isso que um cônjuge deve ser escolhido com muito cuidado. O Diabo explica que "o relacionamento do casamento coloca as pessoas sob a influência de forças espirituais de tal porte que elas se tornam as forças dominantes da mente". No entanto, muitas pessoas se tornam alienadas no casamento, e o hábito da alienação – especialmente quando praticado por ambos os cônjuges – atrai a função solidificadora do ritmo hipnótico.

As pessoas se alienam no casamento porque começam o relacionamento com bajulação, uso inadequado da emoção do sexo ou motivos impróprios, e depois exacerbam o hábito de se alienar por meio de brigas. À medida que trocam palavras negativas, têm pensamentos negativos, envolvem-se em atos negativos e desenvolvem motivos negativos para lidar um com o outro, e toda essa energia negativa os envolve ainda mais em uma teia de miséria e desamor. O princípio oposto é verdadeiro: quando os cônjuges pensam, agem e falam com generosidade de espírito um com o outro, eles se libertam de todas as formas de infelicidade. Em última análise, por causa do ritmo hipnótico, um casamento será bem-sucedido ou fracassará com base na maneira como os participantes se relacionam entre si.

O divórcio é aceitável? O Diabo diz que sim, "mentes que não se harmonizam nunca devem ser forçadas a permanecer juntas no casamento ou em qualquer outro relacionamento. O atrito e todas as formas de discórdia entre as mentes levam inevitavelmente ao hábito da alienação e, é claro, à indefinição". A mesma regra se aplica aos relacionamentos familiares. Lembre-se da definição de pecado como tudo o que causa miséria física, emocional ou espiritual. É um pecado muito maior permanecer em um relacionamento que está levando uma ou mais partes à ruína pelo hábito da alienação do que se separar e recuperar o controle sobre a própria vida. O dever é uma noção errônea.

> *"O primeiro dever de todo ser humano é consigo mesmo! Cada pessoa deve a si mesma a obrigação de descobrir como viver uma vida plena e feliz."*

ESCOLHA SEUS PARCEIROS DE NEGÓCIOS COM SABEDORIA.

Depois do casamento, seus relacionamentos profissionais são os próximos relacionamentos mais críticos para aumentar ou inibir seu sucesso e felicidade. Não apenas passamos uma quantidade significativa de tempo com nossos colegas de trabalho, fazendo com que a lei do ritmo hipnótico nos coloque em harmonia com as influências ambientais do local de trabalho, mas também nosso sucesso profissional depende de nossa capacidade de nos relacionarmos com nossos associados e com outras pessoas fora da empresa. Como explica o Diabo, é mais importante para os profissionais saberem como se relacionar uns com os outros e com seus clientes do que ter o conhecimento especializado necessário para sua profissão.

Os líderes empresariais que desejam ter sucesso devem compreender bem a motivação humana e os tipos de mente que se harmonizam naturalmente uns com os outros. Eles serão bem-sucedidos na medida em que conseguirem formar uma equipe que se encaixe bem e coordene seus esforços de forma efetiva e eficaz. Portanto, não há maior vantagem para o líder do que uma firme compreensão da lei do ritmo hipnótico. O mesmo se aplica às pessoas que buscam progredir nas carreiras: serem intencionais sobre como elas se relacionam com seus colegas de trabalho e com outras pessoas fora da organização, de modo que acionem o funcionamento positivo do ritmo hipnótico, fará mais por elas profissionalmente do que qualquer talento ou tarefa que possam realizar por conta própria.

EXERCÍCIOS DE AVALIAÇÃO DE RELACIONAMENTOS E HARMONIA

AVALIAÇÃO DO RELACIONAMENTO CONJUGAL

Questão: Em que medida você acredita que seu relacionamento conjugal está promovendo harmonia e crescimento mútuo?

Marque a opção correspondente:

(1) Eu considero que meu relacionamento conjugal está gerando conflito e alienação.

(2) Eu considero que meu relacionamento conjugal tem momentos de harmonia, mas também muitos conflitos.

(3) Eu considero que meu relacionamento conjugal é geralmente equilibrado, com algumas áreas para melhorar.

(4) Eu considero que meu relacionamento conjugal promove bastante harmonia e crescimento mútuo.

(5) Eu considero que meu relacionamento conjugal é exemplar em termos de harmonia e apoio mútuo.

AVALIAÇÃO DA RELAÇÃO COM COLEGAS DE TRABALHO

Questão: Em que medida você acredita que sua relação com colegas de trabalho está contribuindo para um ambiente de trabalho positivo e produtivo?

Marque a opção correspondente:

(1) Eu considero que minha relação com colegas de trabalho é prejudicial e não contribui para um ambiente positivo.

(2) Eu considero que minha relação com colegas de trabalho é ocasionalmente positiva, mas frequentemente problemática.
(3) Eu considero que minha relação com colegas de trabalho é geralmente boa, com algumas áreas para melhorar.
(4) Eu considero que minha relação com colegas de trabalho é bastante positiva e contribui para um bom ambiente de trabalho.
(5) Eu considero que minha relação com colegas de trabalho é excelente e cria um ambiente altamente produtivo e positivo.

AVALIAÇÃO DO RELACIONAMENTO COM AMIGOS PRÓXIMOS

Questão: Em que medida você acredita que seus relacionamentos com amigos próximos estão promovendo um apoio verdadeiro e positivo na sua vida?

Marque a opção correspondente:

(1) Eu considero que meus relacionamentos com amigos próximos são pouco positivos e frequentemente causam estresse.
(2) Eu considero que meus relacionamentos com amigos próximos são ocasionalmente positivos, mas muitas vezes superficiais.
(3) Eu considero que meus relacionamentos com amigos próximos são geralmente positivos, com algumas áreas para melhorar.
(4) Eu considero que meus relacionamentos com amigos próximos são bastante apoiadores e positivos.
(5) Eu considero que meus relacionamentos com amigos próximos são extremamente positivos e proporcionam grande apoio e felicidade.

AVALIAÇÃO DA ESCOLHA DE PARCEIROS DE NEGÓCIO

Questão: Em que medida você acredita que suas escolhas de parceiros de negócios estão contribuindo para o sucesso e a harmonia nos seus empreendimentos?

Marque a opção correspondente:

(1) Eu considero que minhas escolhas de parceiros de negócios estão prejudicando meus empreendimentos e criando desarmonia.

(2) Eu considero que minhas escolhas de parceiros de negócios são às vezes benéficas, mas frequentemente problemáticas.

(3) Eu considero que minhas escolhas de parceiros de negócios são geralmente adequadas, com algumas áreas para melhorar.

(4) Eu considero que minhas escolhas de parceiros de negócios estão contribuindo de forma significativa para o sucesso e a harmonia.

(5) Eu considero que minhas escolhas de parceiros de negócios são extremamente eficazes e promovem um sucesso harmonioso e sustentável.

CAPÍTULO 21

ALERTA: O DIABO CONTINUA PODEROSO

Imagine um cenário onde você possui total controle sobre sua vida, onde cada decisão é tomada com clareza e confiança e cada ação o leva mais perto dos seus maiores sonhos…

Imagine superar de uma vez por todas a alienação a que possivelmente você foi submetido, romper com modelos de pensamentos limitantes e reivindicar seu direito à alegria, sucesso e liberdade…

Imagine ainda aprender como derrotar o medo e construir uma fé inabalável em si mesmo para desfrutar de uma atitude corajosa que o colocará exatamente onde você deveria estar…

Boas notícias! Agora que você leu este livro, esse não é um ideal distante.

Se você chegou até aqui, já percorreu um bom caminho na descoberta dos segredos revelados pelo próprio Diabo.

Você desvendou os mistérios ocultos que afetam mais de 90% da população mundial e compreendeu as artimanhas que levam a maioria dos seres humanos ao fracasso e à escravidão.

Mais do que isso, **você decidiu colocar o plano em prática**, o que te coloca em um lugar de muita vantagem na esfera da existência. Você tem o que precisa para ser *o capitão da sua alma e senhor do seu destino.*

Porém, não ignore a verdade: ainda não acabou!

Apesar de todo o conhecimento adquirido, você deve saber que o Diabo ainda pode manipulá-lo e seduzi-lo. Pois como ele mesmo diz em sua entrevista exclusiva: **"a mente nada mais é do que a soma de todos os hábitos".**

Não se esqueça da Lei do Ritmo Hipnótico, o estágio final do hábito, onde pensamentos repetidos formam um padrão organizado e permanente na mente. A partir do princípio dessa Lei, fica evidente a maneira como Sua Majestade a utiliza para tornar hábitos indesejáveis e pensamentos negativos permanentes na mente das pessoas, alienando-as para sempre.

Incansavelmente, o Diabo busca entrar na mente dos seres humanos e estabelecer hábitos que levam, finalmente, à completa e absoluta destruição. Portanto, não é porque ele perdeu uma batalha que não tentará vencer a guerra.

Os princípios que você aprendeu são ferramentas poderosíssimas, mas a vigilância constante é extremamente necessária. Se você permitir que a **complacência** ou a **negligência** abram portas para os antigos hábitos negativos, **ele voltará e fará morada novamente**.

Vamos ser claros sobre o que está em jogo aqui: se o Diabo conseguir estabelecer sua influência novamente em sua mente, as consequências podem ser devastadoras...

Ele fará com que você **adie a criação de um objetivo principal**, convencendo-o de que há sempre um amanhã. Esse hábito pode corroer sua determinação e impedir que você avance em direção ao seu sucesso pessoal.

Ele plantará sementes de dúvida em sua mente, fazendo você **evitar a exatidão do pensamento**. Essa imprecisão pode paralisá-lo e fazer com que você desista de seus sonhos antes mesmo de começar.

Ele alimentará seus pensamentos com **pessimismo e desespero**, corroendo sua autoestima e fazendo você acreditar que o fracasso é inevitável. Com isso, você pode cair num derrotismo quase irremediável.

Ele tentará manter você constantemente **confuso e distraído** a fim de impedi-lo de encontrar seu "outro eu". Aos poucos, você esquecerá do quão é importante manter-se concentrado para não cair na alienação.

Ele criará uma **falsa sensação de segurança**, fazendo você se acomodar com o que já alcançou e impedindo-o de buscar mais. Essa complacência é a antítese do crescimento e do sucesso contínuo.

Ele pode influenciar suas interações com os outros, levando você a mal-entendidos, conflitos e ressentimentos que podem destruir relacionamentos pessoais e profissionais. Isso fará você **quebrar um princípio valioso**, que é a formação de um Mastermind.

Ele irá **manipular seus desejos**, direcionando-o para prazeres imediatos e efêmeros, desviando-o de seus verdadeiros objetivos e propósito de vida. A busca por satisfação a curto prazo irá sabotar sua felicidade e realização a longo prazo.

Isso para citar apenas algumas consequências, pois a Entidade em questão é insaciável quando se trata de minar seu progresso, destruir seu potencial e torná-lo um alienado.

Lembro a você que **ser alienado** é viver com total falta de propósito, é seguir sem autoconfiança, é ser dominado por pensamentos negativos, é comer muito e se exercitar pouco, é criticar os outros quando são bem-sucedidos, é viver procrastinando, é começar coisas mas não terminar nada. Um alienado tem uma personalidade sem magnetismo e não atrai nenhuma pessoa à sua volta. Ele tem muitas opiniões sobre muitas coisas, mas nenhum conhecimento apurado sobre nada.

Já o **não alienado** é alguém que está sempre engajado em atividades definidas, seguindo um plano bem organizado e detalhado. Ele possui um objetivo maior na vida, demonstra generosidade fazendo favores aos outros sem esperar nada em troca e nunca culpa os outros por seus erros, mesmo que eles mereçam. Além disso, um não alienado tem uma mente independente, utilizando-a plenamente para alcançar seus objetivos e realizar seu potencial.

Sua escolha em ser um não alienado começou quando decidiu ler *Mais esperto que o Diabo*, mas agora você precisa se blindar. Como? A fórmula é a constante vigilância. Como foi dito pelo mestre Jesus, "sede sóbrios e vigilantes. O diabo, vosso adversário, anda em derredor, como leão que ruge procurando alguém para devorar" (1 Pedro 5, 8-9). O preço da liberdade é a eterna vigilância, diz o ditado.

Portanto, mantenha-se firme e atento, pois cada passo em direção ao seu crescimento pessoal requer determinação e comprometimento. Esteja consciente dos seus pensamentos e ações, pois são eles que moldam seu caminho e definem seu destino. A busca por autoaperfeiçoamento é contínua e exigirá esforço constante para resistir às influências negativas que possam surgir.

– M. Conte Jr. FRC, M∴M

ANÁLISE DA PONTUAÇÃO DOS EXERCÍCIOS

O CAMINHO PARA SUA LIBERDADE PESSOAL

Parabéns por ter concluído a leitura e realizado as avaliações dos capítulos. Através da sua jornada, você foi encorajado a refletir sobre sua vida, suas atitudes, seus hábitos e a influência que o Diabo pode exercer sobre você. A pontuação que você obteve ao longo dos exercícios representa um importante indicador do seu estado atual e oferece uma visão clara de como você está posicionado em relação à liberdade pessoal e ao controle de sua própria vida.

INTERPRETAÇÃO DA PONTUAÇÃO

Os exercícios foram desenvolvidos para ajudar você a avaliar até que ponto está livre das "artimanhas do Diabo" – representadas por pensamentos limitantes, hábitos destrutivos, falta de foco etc.

COMO CALCULAR A PONTUAÇÃO

Cada pergunta foi respondida numa escala de 1 a 5.

- **1:** Maior alienação.
- **5:** Maior liberdade e controle.

Pegue papel e caneta, anote as pontuações de cada capítulo e some para obter sua **Pontuação Total Geral**.

- **Nota máxima:** 220 pontos.
- **Nota mínima:** 44 pontos.

CLASSIFICAÇÃO DO NÍVEL DE ALIENAÇÃO

- **44 a 88 pontos – Estado de Alienação Extrema:** Muitos aspectos da sua vida ainda são fortemente influenciados por padrões limitantes. Foque em pequenas mudanças, um passo de cada vez, e busque aumentar sua consciência.
- **89 a 132 pontos – Alta Alienação:** Você tem algum nível de consciência, mas ainda está preso a padrões que causam

frustração. Estabeleça planos de ação e busque apoio, se necessário.

- **133 a 176 pontos – Alienação Moderada:** Você está no caminho para conquistar maior liberdade. Mantenha a consistência e continue transformando seus hábitos.
- **177 a 198 pontos – Baixa Alienação:** Você já alcançou um bom nível de controle sobre sua vida. Agora, foque as áreas que ainda apresentam desafios e continue aprimorando seu controle sobre pensamentos e ações.
- **199 a 220 pontos– Liberdade Pessoal Elevada:** Parabéns! Você possui um alto grau de autoconsciência e controle. Mantenha esse estado e ajude os outros a encontrarem equilíbrio. Lembre-se de que a liberdade é uma prática contínua.

A JORNADA CONTINUA

A verdadeira transformação é um processo contínuo que requer comprometimento, autoanálise e disposição para crescer. A cada ponto de autoavaliação, você obteve uma visão mais clara de si mesmo, seus desafios e seus pontos fortes. Lembre-se de que todos estamos em constante evolução e que o importante não é onde começamos, mas o quanto estamos dispostos a avançar.

Ao refletir sobre a sua pontuação e o que ela representa, estabeleça metas concretas para o futuro. Pergunte a si mesmo: Quais áreas da minha vida mais precisam de atenção? Como posso transformar minhas fraquezas em forças? Como posso alcançar a verdadeira liberdade?

Ao continuar trilhando seu caminho, lembre-se de que a chave para vencer as "artimanhas do Diabo" está em se manter consciente, ativo e decidido a transformar cada aspecto da sua vida para melhor. Você é o "capitão da sua alma, senhor do seu destino", e agora tem as ferramentas para escrevê-la de forma a alcançar a verdadeira liberdade pessoal.

QUAL É O SEU PRÓXIMO PASSO?

Se você deseja mergulhar ainda mais fundo e receber orientação especializada, com esta novidade você não estará sozinho na jornada. *Mais esperto que o Diabo* – O Treinamento é um programa inédito criado com base nos ensinamentos do homem que achou o Diabo e arrancou dele uma confissão fantástica.

Este novo programa não apenas reafirma os conceitos apresentados nos dois volumes de MEQD; ele os desdobra em etapas práticas e executáveis que você pode seguir, independentemente de onde esteja em sua jornada. Com um detalhe insuperável: você terá um direcionamento direto para garantir que cada movimento que você faça seja um passo sólido em direção ao seu sucesso.

Se usarmos a analogia da universidade, MEQD foi a sua graduação; MEQD – Plano de Ação foi sua pós-graduação; e MEQD – O Treinamento será seu mestrado.

Para mais informações a respeito deste programa, acesse a página oficial por meio do link: *www.maisespertoqueodiabo.com.br*

SOBRE NAPOLEON HILL

Napoleon Hill nasceu em 1883, em uma cabana às margens do rio Pound, no condado de Wise, Virgínia. Começou a carreira de escritor aos 13 anos de idade como "repórter da montanha" para jornais de cidades pequenas e acabou se tornando o autor motivacional mais amado dos Estados Unidos. Hill faleceu em novembro de 1970, após uma longa e bem-sucedida carreira escrevendo, ensinando e dando palestras sobre os princípios do sucesso. O trabalho do Dr. Hill é um monumento à realização individual e é a pedra angular da motivação moderna. Seu livro *Quem pensa enriquece* é o maior *best-seller* de todos os tempos na área. Hill criou a Fundação como uma instituição educacional sem fins lucrativos cuja missão é perpetuar sua filosofia de liderança, automotivação e realização individual. Seus livros, fitas de áudio, fitas de vídeo e outros produtos motivacionais são disponibilizados como um serviço da Fundação para que você possa construir sua própria biblioteca de materiais de realização pessoal... e adquirir riqueza financeira e as verdadeiras riquezas da vida.

www.naphill.org

Uma instituição educacional sem fins lucrativos dedicada a tornar o mundo um lugar melhor para se viver.